北大PPP研究系列丛书

Effectiveness of Applying PPP in New Industrial Cities Development

A Perspective of High-quality County-level Economic Growth

PPP模式在产业新城建设中的效能研究

基于县域经济高质量发展的视角

孙祁祥　等著

中国财经出版传媒集团
经济科学出版社
Economic Science Press

课题编写组

组　长　孙祁祥

副组长　邓　冰

成　员　周新发　完颜瑞云　岳鸿飞　李博雅

总序

作为政府与社会资本共同承担公共事务的制度创新，PPP并非现代经济的一个形态，而是一个具有深厚历史底蕴与时代印记的产物，它所遵循和反映的是政府与市场关系的经济逻辑和国家治理模式不断演进的社会规律。自中世纪法国最早出现特许经营业务至今，PPP经历了数个世纪的演进。20世纪90年代以来，伴随着以PFI为标志的现代PPP模式在英国出现，PPP仅用了数十年的时间就席卷全球，成为世界各国争相实践并不断推广的重要公共服务模式。

从中国来看，新中国成立至改革开放初期，国家计划统筹是按照计划经济原则运行的中国经济建设的基本制度模式，罕有公共部门与私人部门的合作项目。始于1978年的改革开放，从某种意义上来说，也开启了政府与社会（私人）资本合作的序章。从20世纪80年代至今，我国PPP的发展先后经历了理论探索期（80年代中期至1993年）、试点期（1994～2002年）、推广期（2003～2008年）、波动期（2009～2013年）和快速成长期（2014年至今）。在这一过程中，两个重要的历史时刻值得铭记：一是2002年党的十六届三中全会通过的《关于完善社会主义市场经济体制若干问题的决定》首次明确指出，允许非公有资本进入法律法规未禁入的基础设施、公用事业及其他行业和领域；二是党的十八大提出“市场在资源配置过程中起决定性作用”的论断，为PPP在发挥市场主体作用、转变政府职能、建设现代财政体制、促进国家治理现代化等方面提供了重要理论依据，我国的PPP也由此迅速发展起来。2014年以来，经过短短6年的时间，中国PPP市场已经成为全球规模最大的市场。全国PPP综合信息平台中的数据显示，截至2020年7月，全国累计入库项目9668个，投资额15

万亿元；累计落地项目6626个，投资额10.4万亿元，落地率68%；累计开工项目3964个，投资额5.9万亿元，开工率达59.8%。

纵观当今全球主要国家的PPP发展历程我们可以发现，无论是发达国家还是发展中国家，各国在运用和发展PPP的动因上均表现出了高度的趋同性。可以说，填补公共财政支出的财力缺口、寻求高效率与专业性的公共服务、深化市场化改革和提高国家治理能力的现代化水平，成为各国推广应用PPP的重要动因，中国也不例外。而正是经济社会发展对基础设施和公共物品提出的越来越高的要求，以及现代金融技术和管理的发展所提供的有力支撑，使得政府与社会资本相结合日益彰显出其经济合理性。PPP的生命力就在于，它将政府部门所追求的公平目标和社会（私营）部门所追求的效率目标，通过风险共担和利益共享机制有效地结合了起来。只要机制设计得当，政府与社会资本就可以形成良好的互补关系，使政府在宏观调控、资源的运用能力、公共服务的监督管理经验等方面所具有的优势和社会资本在技术、管理、运营等方面所具有的优势实现叠加，由此有效激活市场潜力，提升政府管理效能，提高公共产品和服务的供给质量，实现公平与效率的统一。

经过40余年的改革开放，特别是党的十八大以来，中国在治理体系和治理能力现代化上取得了长足进步，但仍有许多改进和提升的空间。2020年10月召开的党的十九届五中全会提出了到2035年必须实现的社会主义现代化远景目标，其中之一就是“基本实现国家治理体系和治理能力现代化”。全会特别提出，要处理好继承和创新的关系，做好“两个一百年”奋斗目标有机衔接；处理好政府和市场的关系，更好发挥我国的制度优势，这些都体现了以习近平同志为核心的党中央高瞻远瞩的战略眼光和强烈的历史担当，对决胜全面建成小康社会、全面建设社会主义现代化国家，对巩固党的执政地位、确保党和国家长治久安，具有重大而深远的意义。目前，中国正经历着从高速增长转向高质量发展的重要时期，即将开启全面建设社会主义现代化国家的新征程。作为化解当前社会主要矛盾的重要机制，PPP在经历了快速推广和调整以后，也正在逐步进入规范发展期。正是在这样的背景下，北京大学PPP研究中心推出PPP系列丛书，希望通过基础理论研究、国际经验总结、政策环境分析、机制体制设计、治理效能提升、绩效模式改进等的探索，进一步促进PPP理论体系的完善。

由财政部与北京大学联合设立的北京大学政府和社会资本合作（PPP）研究中心自2017年9月正式成立以来，以“服务国家战略、推动北大双一流建设”为目标，秉持“国际视野、中国理念、学术高地、行业智囊”的宗旨，以3P的定位（platform——“政产学研联盟平台”“创新理论研究平台”“科研成果转化平台”“专业人才培养平台”“国际交流合作平台”；provider——提供PPP的基础理论、政策咨询、国际经验、中国案例；producer——促进政府与市场有效结合路径的理论探索；促进资源配置最佳方式的实践探索；促进中国经济可持续健康发展的不懈探索），来承担3P（Public Private Partnership——政府与社会资本合作）的使命，分别从宏观、中观、微观三个层面，对推动国家治理结构、完善机制体制建设、解决项目融资困境等方面做了大量的工作，在推动PPP理论研究和实践探索方面取得了长足的进展。截至目前，中心已经出版了一系列研究成果，包括《北京大学·中国PPP指数（中英双语）》《北京大学·中国市场蓝皮书》《PPP模式支持脱贫减贫的探索（中英双语）》《全球PPP的历史沿革与发展——基于国际比较的视角》《保险资金支持政府和社会资本合作发展研究》《PPP模式在产业新城建设中的效能研究——基于县域经济高质量发展的视角》等专著，获得了理论界和实践部门的高度认可。

2020年是人类历史上极其特殊的一年，突如其来的新冠疫情叠加大国博弈、地缘政治冲突、自然灾害等经济、政治、社会各类风险事件，对世界各国都产生了巨大的影响和冲击。这次疫情实际上也是对各国治理体系和治理能力水准的一次大考。我相信，随着实践的发展，越来越规范的PPP必将在我国今后推进国家治理体系和治理能力现代化的进程中，在全面建设社会主义现代化国家新征程中，发挥越来越重要的作用。我希望北大PPP研究系列丛书能够为构建中国PPP理论体系，为PPP的健康有序发展，提供重要的理论基础。

是为序！

孙祁祥

2020年11月30日于北京

前言

“郡县治，天下安。”县域经济是县级行政区划范围内的区域经济，是城镇经济与农村经济的结合体，是我国国民经济的基本单元。推动县域经济高质量发展，不仅是创新实验孵化中心和高起点承接产业转移平台、推进“城乡融合发展”的主阵地，也是我国建设现代化经济强国的根基，更是我国经济高质量发展的重要载体。

由于我国经济发展不平衡，经济转型升级尚未完成，县域经济发展中还存在经济结构失衡、资源禀赋约束、经营粗放等问题，制约了县域经济迈向高质量发展。剖析背后原因，主要在于传统县域经济开发模式存在融资效能不足、投融资平台的改制效能不明显、治理效能不突出等弊端。本研究认为，在国家提出的“中国特色新型工业化、信息化、城镇化、农业现代化”要求下，通过创新驱动使经济实现集约型发展，通过产融结合实现产业资本与金融资本的融合，通过城乡融合实现城乡发展双赢，通过生态文明建设实现和谐相处与共同发展，是实现县域经济高质量发展的必然路径。

党的十六大第一次鲜明地将县域经济的发展提升到国家战略层面，党的十八大、党的十九大对县域经济发展提出了各项要求，县域经济进入了以产业新城为代表的创新发展阶段。县域经济已经成为加快转变经济发展方式、调整优化经济结构的主战场，也是我国区域协调发展的着力点和城乡融合发展的落脚点。

当前，中国的城乡和区域协调发展呈现出两个方面鲜明特征：一是都市圈化，随着国家提出“深入推进城市群发展”“培育发展现代化都市圈”等战略布局，人口随着产业向都市圈集聚，这种城市群的发展将会出现人文化、产业化等特征；二是县域经济的产业协同发展，产业协同发展是推进新型城镇化的强大动力，都市圈的核心周边集聚了大量的县域经济体，县级城市作为城市和农村地区的空间连接点，起着承上启下、支援城市和服务农村经济发展的作用。因此，如何推动以县域经济为单元的中小城市自身发展及其与城市群的协调发展，补齐基础设施和产业要素短板，将是中国未来城市化高质量发展的一个突出重点和难点，这也对城乡和区域协调发展提出了新的挑战。

面对这一新的挑战，一方面，基础设施投入将会进一步加大。近年来，国家相继出台文件，要求聚焦关键领域和薄弱环节，保持基础设施领域补短板力度，以进一步增强基础设施对促进城乡和区域协调发展、改善民生等方面的支撑作用。另一方面，县域经济逐渐成为重要抓手。作为城乡融合关键连接节点的县域经济只有尽快实现升级转型，才能在区域内更好地发挥优化资源配置、辐射带动等作用，成为助推乡村振兴的重要突破口。然而，在传统的发展模式下，县域经济发展的质量与效率都有待增强，尤其是基础设施与公共服务、产业发展、人才储备等县域经济发展的关键要素依旧短缺。

在这样一个背景下，中国特色的“治理＋管理”——政府和社会资本合作（PPP）模式，已经逐渐成为县域经济发展的重要抓手。截至2019年，我国城镇化率达到60.6%，户籍人口城镇化率为44.4%，城市化需求空间较大，将有大量城镇综合开发项目。① 对县级城市发展而言，PPP模式是一种公共服务的供给方式和城市转型升级的着力点。它通过提供高效、高质量的综合开发模式，实现区域内产业的转型、升级和聚集，以达到产业间的协同。这种以产业新城为代表的综合开发模式，能够大幅提高社会公共服务供给能力，有利于改进公共服务的质量，并有助于解决城市升级发展过程中建设资金不足的问题。

我国的产业新城，是在一定时期历史与经济共同作用下的产物，它伴随着我国县域经济发展与城镇化建设的过程而产生。本研究认为，我国产业新城主要有以下特征：一是产业新城的建设是国家政策导向作用的体

① 资料来源：《2019年国民经济和社会发展统计公报》。

现；二是产业新城的建设是以产业发展为基础，并随着城市发展进程逐渐完善城市功能；三是我国产业新城的发展多是以县域经济为载体发展相对独立的城市单元；四是产业新城不仅孕育着区域经济新的增长点，而且承担着新型城镇化进程中人口转移就业的重任。

随着改革开放的深入推进，产业新城的形态和模式也在不断推陈出新。从经济层面看，产业新城通过为县域经济补上发展的短板、为产业集群注入新动能、为县域经济的未来创新发展赋能、促进县域经济内生式增长，成为了县域经济高质量发展的决定性力量；从产业层面看，产业新城以“产业生态化”和“生态产业化”、产业新城中的产业支撑、城乡协同发展三个维度为发展路径，实现“以人为本”“产融结合”的战略目标。本研究表明，产业新城是否有序健康发展，可以融资效能、改制效能和治理效能三个关键要素对之进行评价。

产业新城并非是一个新话题，但在中国起步较晚。从20世纪中叶起，国外就出现了很多产业新城的案例，如日本筑波科学城和加州尔湾产业新城。但无论是纯政府主导或完全由市场主导的开发模式，都存在一定的局限性。随着政府和社会资本合作（PPP）模式的兴起，国内外开始出现了以伦敦道克兰区、深圳蛇口工业区、上海张江技创区为代表的案例，在实践中探索PPP模式在产业新城开发中的应用。本研究认为，政府和社会资本在目标和效率上的不同，使双方在基础设施和公共物品领域的合作存在客观必然性。产业新城的发展，兼顾产业属性和公共属性，这与PPP模式的内涵非常契合，由此也诞生了以华夏幸福固安产业新城为代表的、具有中国特色的“PPP+产业新城”模式。

本研究认为，“PPP+产业新城”模式应强调综合效能作用。首先，在微观层面上，PPP的融资效能可以充分拓宽新城建设的融资渠道，通过激励相容、公共部门与私人部门专业优势互补，以及项目全生命周期的管理，增加产业新城项目的资本利用水平，显著提高项目效率和可持续性；其次，在中观层面上，PPP的改制效能可以突破传统区域开发的财力限制，平滑政府财政支出，摒弃原有财政的“输血”模式，强化“产业新城”自身的造血机能，进而深化我国财税体制改革，加速现代化财政制度改革的进程；最后，在宏观层面上，PPP的治理效能将更好地发挥多元主体的基层共治作用，在保证经济效益的基础上，确保产业新城的社会和环境效益，同时进一步厘清政府与市场关系，推进国家治理体系和治理能力的现代化。现有的PPP效能评估方式，过于强调项目的经济层面、表象层面，具有明显的片面性和局限性。PPP在产业新城方面的效能分析，应该更加综合、更加全面，多维度、系统地认识PPP在产业新城开发中的定位与作用。

鉴于此，本研究提出，第一，作为一种较为特殊的PPP项目类型，应当有相应的政策文件对产业新城PPP项目的内涵、外延、特征等给出清晰和明确的定义和规定，以确保其持续、顺利发展；第二，为解决项目可融资性，保障项目落地后能够获得持续稳定的现金流，政府和社会资本在项目前期策划和论证阶段就必须重视对项目收支现金流的合理安排，重视对项目交易结构、回报机制的设计和统筹，同时做好所形成的项目固定资产的盘活计划即项目再融资方案，通过资产证券化等方式实现项目再融资；第三，产业新城PPP项目的绩效指标设定核心应聚焦为该项目是否能够为区域内（县域）带来产业集聚，使地方产业发挥协同作用，并贯彻可持续发展理念，同时，项目的付费机制要与区域整体新增的经济产出建立关联，突出“自我造血”的功能。

目录

县域经济：新时代实现国家发展战略目标的坚实基础

党的十九大报告指出："我国经济已由高速增长阶段转向高质量发展阶段。"推进中国经济高质量发展，既包括各个省域、市域经济发展，更离不开县域经济的发展。县域经济高质量发展是夯实区域经济发展的重要基石，是构成我国经济高质量发展的一个重要组成部分，是实现国家"两个一百年"发展战略目标的坚实基础[①]。

当前，站在新的历史起点上，县域经济既面临经济下行压力较大的复杂形势，也蕴含着变革希望和创新活力；既面临提质增效升级的目标，也面临着经济发展不平衡不充分的矛盾。我国经济发展的不平衡、不充分特征集中体现在县域经济的发展上，县域经济存在总体实力亟待提升、产业结构有待转型升级、经济发展方式有待转变、新旧动能接续不畅、城乡差距不断拉大等问题。

鉴于县域经济在我国经济高质量发展主阵地的作用进一步凸显，本章主要讨论县域经济在国民经济中的重要地位，探讨制约当前县域经济高质量发展所存在的痛点与难点，揭示县域经济传统开发模式中存在的问题，并结合党中央和国务院提出的"新四化"（工业化、信息化、城镇化、农业现代化）发展要求，提出县域经济未来发展的主要目标。

① 党的十八大报告提出"两个百年奋斗目标"，即在中国共产党成立一百年时全面建成小康社会；在新中国成立一百年时建成富强民主文明和谐的社会主义现代化国家。

第一节 郡县治，天下安；郡县强，国家强

一、县域经济是国民经济的基本单元

1. 县域经济的内涵

县域经济是指基于县级行政区划作为地理空间的经济有机体，本质上是以县级城镇为中心、以乡镇为纽带、农村为基础的区域经济。作为以县级经济区域为地理空间、以市场为导向、以县级政府为调控主体的区域经济系统，具有鲜明的地域特色，并且功能相对完备。

从产业结构来看，县域经济包括隶属第一产业、第二产业和第三产业的农业、工业、商业、房地产业、金融业等构成的相对独立和完整的综合经济体系。相比大都市经济，县域经济不仅包括第二产业和第三产业，还包括农业、畜牧业、林业、水产养殖业等第一产业，与农村经济联系紧密，是城乡一体化的重要结合体，是促进城乡融合发展的重要依托，具有战略性、基础性和全局性作用。

“天下之治始于县。”① 我国自从秦朝开始实行郡县制以来，县一直是我国国家结构的基本单元，治理县域自古以来就是治国安邦的基础。“郡县治，天下安”②，县域经济越来越引起理论学术研究、政府政策制定和企业行为决策的关注与重视。

2. 县域经济的特点

县域经济是我国兼具基层行政区划和地理空间特征的区域经济复合体。总体而言，县域经济具有以下三个主要特点。

第一，行政性。县域是我国某一县级行政区划范围内的地域空间，县

① 出自《皇朝经世文编》：“天下治权始乎州县。”

② 这一说法最早出自《前汉纪·孝惠皇帝纪卷第五》，意思是“以郡县结构的方式治理国家，则天下安宁”。

域经济以县以及县级市政府行政管辖为依归。县域经济是城乡接合部，在国民经济处于中观层面，涉及县域中的城市经济、乡镇经济和村经济三个层次。县域经济的行政性特征还体现为县域经济范围内，党政军、工农、城乡、教科文卫体及社会保障等各种社会关系比较齐全，县域政府对本地区经济发展具备决策和组织实施能力。

第二，区域性。从区域经济学视角看，县域经济依托县辖区域内的人口、资源、地理位置和发展基础，呈现出明显的区域性特征。这种区域性不仅体现在县城经济对乡村经济存在辐射与被辐射的影响，而且还表现为一定时期内县域经济的相对独立性与稳定性。由于区域差异性，不同的县域经济都会存在明显差异，并且这种差异会引起不同县域经济的工业发展水平、农业发展特色、服务业的多样性的不同。

第三，整体性。一般而言，县域经济结构比较完整。从经济产业构成来看，包括第一产业、第二产业和第三产业一应俱全；从所有制构成来看，组成县域经济的国有经济、集体经济、民营经济和个体经济等经济所有制结构完整。县域经济的整体性要求我们要重视从城乡融合发展的视角进行经济发展规划的制定、宏观经济调控以及政策的落实。

3. 县域经济的发展现状

新中国成立以来，尤其是改革开放四十多年来，我国县域经济总体规模不断增大，全国县域经济实力明显增强，县域经济发展态势总体向好，朝着高质量方向发展。

第一，县域经济基本概况。根据国家统计局统计数据显示，截至2019年6月1日，我国共有1882个县域经济单位（不包括香港、澳门和台湾地区），具体包括383个县级市、1328个县、117个自治县、49个旗、3个自治旗、1个特区、1个林区。县域面积约占国土总面积的90%以上，县域人口占全国总人口的70%以上，地区生产总值占全国GDP的40%以上。

第二，当前我国县域经济总体发展态势良好，已进入总量跨越、动能转换、提质增效、城乡融合、开放协同的关键发展阶段。在我国全面深化改革开放和全面建成小康社会的发展征程中，进一步激发县域经济发展活力、提升县域发展质量、壮大县域经济实力是全国县域经济发展的总趋势，县域经济日益成为我国国民经济发展中充满生机与活力的亮点。

第三，以产业新城带动县域产业集群发展，坚持产业发展壮实力、城乡统筹惠民生、各具特色强基础，逐渐成为推动县域经济高质量发展的新思路。具体地，以产业新城和工业园区建设为重点，实现县域新兴产业新突破；推进城乡一体化发展，提升县域经济发展水平；进一步做强特色优势产业，夯实县域经济发展基础，从而努力走出一条产融结合、城乡融合、各具特色的县域经济发展之路。

4. 县域经济发展的重要性

作为我国国民经济的基本单元，县域经济是夯实区域经济发展的基础，县域经济占整个国民经济的比重很大，发展好县域经济意义重大，县域经济发展质量直接影响着整个国民经济的发展水平。

首先，县域经济是国民经济发展的基础。作为一个独立的经济范畴，县域经济是工业经济与农业经济的有机结合，是城市经济与农村经济的重要交汇，也是宏观经济与微观经济的重要链接。习近平总书记深入县域考察调研，多次强调县域经济发展的重要性，“基础不牢，地动山摇”，突出反映了县域经济在整个国民经济发展全局中的重要战略地位。

其次，县域经济发展对我国经济转型升级具有重要的意义。当前，我国发展进入新时期，经济发展的国际环境和国内条件都在发生深刻变化。从国际看，当今世界正处于“百年未有之大变局”，新冠肺炎疫情的全球蔓延和冲击，世界经济的深度调整，地缘政治和国际格局的不断演变，众多复杂因素的相互交织，导致我国面临的外部环境不稳定、不确定因素增多。从国内看，我国经济发展由高速度增长阶段进入高质量发展阶段，要求县域经济必须坚持创新、协调、绿色、开放、共享的新发展理念，通过深化供给侧改革、转变经济发展方式、促进经济结构转型升级和加强国内经济内循环，以解决发展中的不平衡不充分问题。

最后，县域经济是我国经济高质量发展的重要组成部分。在我国经济进入高质量发展阶段，县域经济既是基础，也是难点，更是活力所在。根据赛迪顾问县域经济研究中心发布的《2019 年县域经济高质量发展指数研究成果》显示，2019 年，我国县域经济总量达 39.1 万亿元人民币，约占全国的 41%，县域经济还有很大的发展潜力和提升空间。在当前及未来很长的一段时期内，贯彻新发展理念，优化县域经济结构，增强县域经济生机与活力，推动县域经济转变经济发展方式，显著提升县域经济综合竞争力，进而实现高质量发展，既是决胜全面建设小康社会的现实需要，也是开启现代化建设新征程的必然选择。

二、县域经济是我国建设现代化经济强国的根基

1. 建设现代化经济强国的目标

根据党的十九大对我国 2020 年全面建成小康社会后的经济社会发展进行的重大战略部署，从 2020 年到 21 世纪中叶我国经济发展目标分两个阶段：第一个阶段，从 2020 年到 2035 年，在全面建成小康社会的基础上，再奋斗十五年，基本实现社会主义现代化；第二个阶段，从 2035 年到 21 世纪中叶，在基本实现现代化的基础上，再奋斗十五年，把我国建成富强民主文明和谐美丽的社会主义现代化强国。

2. 县域经济是建设现代化强国的根基

县域经济发展作为我国经济社会发展的重要力量，覆盖着我国最广大范围和人口规模的城市与乡村，是我国实现现代化经济强国的根基。加快发展县域经济是新时代解决我国社会主要矛盾和实现现代化强国的必由之路。

第一，大力发展县域实体经济是夯实现代化经济的坚实基础。2019 年 1 月，习近平总书记在京津冀考察时强调："实体经济是大国的根基。"[1] 就县域经济而言，实体经济是县域经济的重要支柱，做大做强实体经济对推进县域供给侧结构性改革、保障改善民生、促进县域经济可持续发展具

① 习近平在京津冀三省市考察并主持召开京津冀协同发展座谈会［EB/OL］. 新华网，2019-1-18.

有非常重要的作用。尤其是县域实体经济中的中小微企业，对保障民生、提高居民收入和缩小收入差距具有不可替代的重要作用。因此，我们必须要进一步深化供给侧结构性改革，推动实体经济不断发展壮大，筑牢县域经济的发展根基。

第二，科技强县，以科技创新驱动县域经济现代化是实施创新驱动发展战略的落地之举。县域经济虽不是国民经济科技创新的龙头，但是拥有最广大的市场潜力和人口规模，具有广阔的发展空间，一旦以科技创新武装起来，将使我国未来国民经济发展具备强大的后劲。加强国家创新体系建设，强化战略科技力量，必须落地到县域经济，推动县域经济步入智能化、数字化、网络化经济时代，打造更多县、市，依靠创新引领、共享经济、绿色低碳的现代经济发展模式，更多发挥科技创新先发优势的引领型发展，进而带动全国广大县域经济，形成“千帆竞发、百舸争流”的发展态势。

第三，县域经济是推动城乡区域协调发展、优化现代化经济体系空间布局的重要抓手。习近平总书记在中央政治局第三次集体学习时提出，“要积极推动城乡区域协调发展，优化现代化经济体系的空间布局。”① 县域经济是落实好城乡区域协调发展战略，促进城乡区域人口、经济和资源、环境空间均衡发展的重要抓手。只有大力发展县域经济，才有助于实现城乡平衡和区域协调发展，解决新时代我国社会主要矛盾中的发展不充分、不平衡问题。

第四，县域经济是形成“以国内大循环为主体、国内国际双循环相互促进”新发展格局的重要着力点。在全球新冠肺炎疫情仍在世界肆虐蔓延进而导致外需萎缩的背景下，我们不仅要继续积极推进“一带一路”倡议下的国际交流合作，更要立足国内，充分发挥好14亿人口所汇集成的超大国内市场规模优势，尤其是打通城乡经济存在的“供需梗阻”，不断增强中国经济发展的内生动力。县域经济是实现国内大循环的重要着力点，通过县域经济可以实现国内大循环带动国际大循环、国际大循环促进国内大循环的畅通互动。

---

① 习近平主持中央政治局第三次集体学习［EB/OL］. 新华社，2018－1－31.

三、县域经济是创新实验孵化中心和高起点承接产业转移平台

1. 将县域经济打造成高质量发展的创新实验孵化中心

2017 年国务院发布了《国务院办公厅关于县域创新驱动发展的若干意见》（以下简称《意见》），提出通过建设创新型县（市）和创新型乡镇，构建多层次、多元化县域创新创业格局，推动全国县域形成“大众创业、万众创新”的氛围和创新创业新热潮，促进县域实现创新驱动经济高质量发展。相比一线大城市，虽然县域经济在高校科研机构、创投资本、众创空间等创新创业资源方面明显不足，处于相对劣势的地位，但它在农民工返乡创业、草根创业、“互联网 + 特色农业”等领域有其独特的优势。通过在县域经济建设创新实验孵化中心，既是“大众创业、万众创新”的时代需要，更是实现创新驱动发展和富民强县的一项重要方略。

在当前形势下，科技企业孵化中心作为县域经济技术创新体系的重要核心内容，是承接县域经济产业园区内具有创业孵化、加速成长、研发创新、服务提升、辐射扩散等功能的重要载体。在承接产业转移的过程中，创新实验孵化中心因更加有效地实现了空间集聚、产业集聚和创新集聚，有利于促进县域经济自主创新能力和引领县域经济产业集群的发展。通过促进创新孵化中心内的创新企业“成功毕业”，并不断衍生出新的企业，有利于聚集创业创新优势，形成高新技术集群，进而打造县域经济产业新城，形成具有本地区特色的产业集聚。县域经济推动大众创业、万众创新，积极打造创新实验孵化中心，推广新兴科技的产业化应用和产学研之间的合作，加快实现创新驱动经济高质量发展，有利于培育县域经济新的增长动力、发展引擎和发展新动能。

2. 高起点承接产业转移，推动县域经济高质量发展

发展高质量县域经济，除了通过县域经济创新实验孵化中心的内部力量实现创新驱动之外，通过承接先进产业转移，借助外部因素对县域经济

实现跨越发展也很重要。随着科技进步和经济发展，产业在不同地区间转移和扩散是经济发展的客观规律。新时代县域经济要有效承接先进产业转移，必须从树立招商方向、改善营商环境，以及结合供给侧改革等方面多管齐下，务求实效。

首先，必须进一步提升招商引资水平，高起点承接产业转移。一是要认真研究国内外资本流动和产业转移的新趋势和新动态，建立起长三角、珠三角、港澳台、日韩欧美等发达地区产业转移信息库。二是要重点围绕县域已经形成主导产业和着力培育的战略性新兴产业，排出产业承接目录，强化项目对接争取，有针对性地展开招商引资工作。三是要围绕新兴产业、先导产业和支柱产业，将承接产业转移与技术引进同步进行，引进高新技术成长性好、关联度大、产业链长的大中型项目。

其次，县域经济除了发挥区位优势、综合成本优势、产业配套等硬件设施以外，还要进一步提升吸引外商的“软实力”——服务至上的营商环境。中央进行“放管服”改革，推出注册资本登记、先照后证、多证合一、企业便利化等一系列改革措施，中国的营商环境大为改善。根据世界银行公布的《全球营商环境报告 2020》，2019 年中国排名世界第 31 位。目前，我国大中城市的营商环境已经大大改善，而在这方面，县域经济需要向大中城市看齐，积极推行一站式服务，减少行政审批事项，营造快捷、高效、规范、透明的投资环境。

最后，招商引资和承接产业转移要与供给侧结构性改革紧密结合。一方面，要创新新时代县域经济招商体制和机制，打造务实高效的招商引资平台，采取产业新城等多种形式合作共建县域经济园区，推进产城融合；另一方面，要严把投资关、环保关和安全关，充分发挥县域经济科技园区、经济开发区等的综合优势，做好产业配套能力建设，打造产业集群。

四、县域经济是推进“城乡融合发展”的主阵地

为进一步破解城乡发展不平衡、农村发展不充分的矛盾，2019 年 4 月中共中央国务院出台了《关于建立健全城乡融合发展体制机制和政策体系

的意见》[①]，从推动城乡要素配置、基本公共服务共享、基础设施建设、乡村经济发展和农民增收五个方面确立了以“城乡融合”作为未来中国城乡发展的新方向。县域经济作为实施“城乡融合发展”的主体，在促进城乡要素配置、促进城乡基础设施一体化、完善公共服务、推动乡村经济多元化发展、提升农民收入水平和缩小城乡收入差距方面具有重要的使命与担当，是推进“城乡融合发展”的主阵地和主战场。

1. 有利于健全城乡要素合理配置

作为连接城市与乡村的枢纽，县域经济在推动城乡人力资本、土地和资本等要素自由流动中可以发挥独特的作用。首先，在人力资本要素流动方面，县域经济不仅可以通过农业转移人口市民化机制，实现农村富余劳动力向城市转移，推动新生代农民工融入城市，还可以吸引各类人才返乡入乡创新创业，建立城乡人才合作交流机制；其次，在土地要素流转方面，通过完善农村土地承包制度，进一步放活土地经营权，为城市资本参与农业经营提供依归；最后，县域经济进一步支持城乡融合发展的金融、财政及其相关平台和载体建设，加快城市技术、信息、资源、金融、服务等先进生产力要素向乡村流动的进程，有利于实现城乡要素配置的良性循环。

2. 有利于完善城乡基本公共服务普惠共享

实现城乡融合发展的一个重点就是实现公共服务城乡均等化。县域经济在教育、医疗、社会保障、公共文化等方面可以推动公共服务向农村延伸、社会事业向农村覆盖，实现城乡一体化发展。具体而言，第一，在教育领域建立城乡教育资源均衡配置机制。通过建立健全城乡一体的基本公共教育服务体系，建立以城带乡、均衡发展的教育发展机制。第二，在医疗卫生领域提升城市社区和农村乡村的基层医疗卫生服务保障能力，完善城乡基层医疗服务体系。第三，在社会保障领域，进一步健全城乡居民基本医疗保险和大病保险制度，完善城乡统一的社会保险制度。第四，在城

① 为重塑新型城乡关系，走城乡融合发展之路，中共中央国务院于 2019 年 4 月 15 日印发实施《中共中央国务院关于建立健全城乡融合发展体制机制和政策体系的意见》。

乡公共文化领域，通过推动文化资源适当向乡村倾斜，提高公共文化的覆盖面、实用性和可及性。

3. 有利于促进城乡基础设施一体化发展

城乡融合对县域经济的发展起着巨大的推动作用，并助力整个城乡经济的高质量发展。县域经济城乡基础设施一体化发展，加快实现城乡基础设施的统一规划、统一建设和统一管护。第一，在城乡融合基础设施一体化发展规划方面，通过以县域为整体，统筹规划城乡基础设施，建立覆盖城乡、全域统筹的基础设施一体化发展机制，推动市政公用设施向县城周边、中心集镇延伸。第二，在城乡融合基础设施建设方面，吸引社会资本参与城乡融合发展，通过持续优化并规范推广 PPP 模式，支持城乡融合基础设施开发建设。第三，在城乡基础设施管理和维护方面，明确城乡各类基础设施、市政公用设施的产权归属，建立基于产权所有者负责的有效管护制度。

4. 推动乡村经济多元化发展

促进乡村的发展是城乡融合发展的落脚点，而县域经济以工促农、以城带乡则是实现城乡融合发展的关键。进入新时期以来，我国发展农村经济的思路已经由统筹城乡经济发展、乡村振兴战略转移到县域经济城乡融合发展战略上来。

县域经济通过发挥实施工业促进农业、城市带动乡村的重要牵引力功能，实现城乡融合发展。县域经济发展为乡村振兴建设提供先进技术支持、物质设备和管理人才，助力发展县域特色农业、扶持新型农业经营主体、带动脱贫和加强农村电商人才建设。在互联网经济发展背景下，探索城市对农产品个性化定制服务、会展农业和农业众筹等新模式，完善对农村电子商务的支持政策，实现城乡生产与消费多层次对接，推动乡村经济不断升级。

5. 持续提升农民收入水平和缩小城乡收入差距

当前，农村经济发展最大的挑战就是如何实现农民增加收入、缩小城乡收入差距。而实施城乡融合，发展县域经济，不仅有利于拉动农村经济，促进农业发展，而且有利于为农民提供更多的就业机会，增加收入水平，缩小城乡收入差距。一方面，对于年富力强和具有劳动能力的农民而言，县域城市化和工业化为农民提供了增收的主要渠道。县域经济越繁荣，就越能为农村剩余劳动力提供更多的发展机会，“用工业化和城市化富裕农民”成为农村居民尤其是农民工增收的重要途径。另一方面，对于贫困农民而言，县域经济是实现精准扶贫的主战场。在全国各地深入开展的精准扶贫工程中，县域政府是具体落实精准扶贫工作的重要力量。根据国务院扶贫办统计，2014 年公布的全国 832 个贫困县，少数条件较好的县已经分别于 2016 年、2017 年率先摘帽，2018 年有 283 个，2019 年有 334 个县“脱贫摘帽”，剩余最困难的 52 个县也将在 2020 年“脱贫摘帽”。①

总之，我国传统的城乡二元结构是县域经济中“三农”问题的体制性根源②，破解“三农”问题的关键是如何处理城乡融合发展的问题。由此可见，城乡融合发展战略是未来解决“三农”难题的根本出路。在深刻认识与把握城乡协调发展内在规律的基础上，通过实施乡村振兴战略，健全城乡融合发展机制，完善精准扶贫政策体系，以县域经济繁荣促进农村经济增长、农民收入提升和现代农业发展，走城乡融合发展之路，从根本上解决“三农”问题。

五、县域经济是我国经济高质量发展的重要载体

1. 高质量发展是我国适应新时期的必然要求

党的十九大首次提出“高质量发展”的概念，表明中国经济由高速增长阶段转向高质量发展阶段。目前，我国社会主要矛盾已经转化为人民日益增长的美好生活需要和不平衡不充分的发展之间的矛盾。过去发展不平衡、不充分的状况就是发展质量不高的直接表现，为了更好满足人民日益增长的美好生活需要，就必须推动高质量发展。通过经济发展质的大幅度提升来实现量的有效增长，提升经济发展的质量，促进经济发展的成果为人民共享。

① 资料来源：国务院扶贫开发领导小组办公室信息公开“832 个国家贫困县历年摘帽名单”。
② “三农”问题是指“农村、农业、农民”这三大问题。

2. 推动县域经济实现高质量发展

随着我国经济进入高质量发展阶段，县域经济发展的背景和环境也发生了深刻变化。从国际来看，新一轮科技革命和产业变革带来的冲击，特别是国际贸易保护主义的抬头，对我国县域经济尤其是出口导向型县域经济的发展产生了影响；从国内来看，我国经济增速持续回落，从高速增长回落到中速发展，经济结构处于不断调整和升级当中。面对新形势、新要求和新变化，我们必须坚持新的发展理念，坚持高质量发展的根本方向，提升县域经济的综合实力。

第一，发展县域特色经济，培育自身竞争优势。县域经济要因地制宜，积极发挥自身的竞争优势，培育县域主导产业，加大高新技术产业开发力度，推进第一、第二、第三产业协调发展。在县域自身资源禀赋基础上，发展特色经济，大力打造传统优势产业，加大产业新城建设力度，将经济技术开发区、高新技术开发区、产业园区作为推进县域经济高质量发展的主战场。

第二，深入推动供给侧改革，促进县域经济转型升级。目前，县域地区的产业结构大多还处于产业链、价值链的中低端，与一线城市相比，县域经济在产业结构层次、要素投入产出效率、科技创新能力等方面均处于较低水平，亟待加快转型升级。推动县域经济高质量发展，要深入推进供给侧结构性改革，筑牢创新链、拉长产业链、提升价值链，改造提升传统优势产业，培育发展战略性新兴产业和现代服务业，加快构建起优势突出、结构合理、多元发展、多极支撑的现代化产业体系。

第三，将县域经济高质量发展融入国家新型城镇化规划，有机衔接城市群和都市圈发展战略。坚定不移地走区域经济融合发展之路。2019 年 2 月国家发展改革委发布的《国家发展改革委关于培育发展现代化都市圈的指导意见》指出，到 2022 年，都市圈同城化要取得明显进展；到 2035 年，现代化都市圈格局更加成熟，形成若干具有全球影响力的都市圈。可见，推动县域经济要实现高质量发展，就必须推动县域经济深度融入京津冀都市圈、长三角都市圈、粤港澳都市圈以及城市群和区域经济发展板块，集中力量打造都市圈产业新城，培育一批经济强县。

第四，坚持县域经济高质量发展与振兴乡村战略相结合。首先，充分发挥县城龙头带动作用，打造高品质特色小镇，加快建设生态宜居美丽乡村；其次，不断夯实产业支撑，统筹新型城镇化与乡村振兴，优化县域城镇发展布局，推动城乡融合发展和第一、第二、第三产业融合发展；最后，推进城乡基本公共服务均等化，切实保障和改善民生，不断提升人民群众获得感、幸福感和安全感。

第二节 县域经济发展中的现状、痛点与难点

一、我国县域经济的分类

从经济发展的水平而言，目前我国县域经济可以划分为三大类。

第一类是经济较为发达的县域经济体。我国发达的县域经济以百强县为代表，是全国工业化和城镇化的重要载体，成为国民经济发展的明星与亮点。根据2019年12月10日中国社会科学院财经战略研究院发布的《中国县域经济发展报告（2019）》，全国百强县排行榜如表1－1显示①。

表1－1　2019年全国百强县排行榜

排名	县（市）	省份	排名	县（市）	省份
1	昆山市	江苏	11	长沙县	湖南
2	江阴市	江苏	12	神木市	陕西
3	张家港市	江苏	13	诸暨市	浙江
4	常熟市	江苏	14	胶州市	山东
5	慈溪市	浙江	15	荣成市	山东
6	晋江市	福建	16	海门市	江苏
7	太仓市	江苏	17	余姚市	浙江
8	宜兴市	江苏	18	乐清市	浙江
9	义乌市	浙江	19	浏阳市	湖南
10	龙口市	山东	20	伊金霍洛旗	内蒙古

① 该榜单是中国社会科学院财经战略研究院根据地区生产总值、地方公共财政收入和规模以上工业企业三项主要标准进行评选的。

续表

排名	县（市）	省份	排名	县（市）	省份
21	温岭市	浙江	61	新昌县	浙江
22	准格尔旗	内蒙古	62	德清县	浙江
23	福清市	福建	63	武安市	河北
24	迁安市	河北	64	嘉善县	浙江
25	海宁市	浙江	65	巩义市	河南
26	仁怀市	贵州	66	新密市	河南
27	靖江市	江苏	67	玉环市	浙江
28	启东市	江苏	68	瓦房店市	辽宁
29	海安市	江苏	69	永城市	河南
30	如皋市	江苏	70	新泰市	山东
31	桐乡市	浙江	71	登封市	河南
32	溧阳市	江苏	72	青州市	山东
33	瑞安市	浙江	73	闽侯县	福建
34	丹阳市	江苏	74	平度市	山东
37	东阳市	浙江	75	仪征市	江苏
38	泰兴市	江苏	76	邹平市	山东
39	石狮市	福建	77	肥城市	山东
40	南安市	福建	78	莱西市	山东
41	长兴县	浙江	79	桓台县	山东
42	邹城市	山东	80	兴义市	贵州
43	平湖市	浙江	81	象山县	浙江
44	宁乡市	湖南	82	中牟县	河南
45	诸城市	山东	83	沭阳县	江苏
46	寿光市	山东	84	沛县	江苏
47	邳州市	江苏	87	肥西县	安徽
48	招远市	山东	88	博罗县	广东
49	宁海县	浙江	89	兴化市	江苏
50	如东县	江苏	90	射阳县	江苏
51	安宁市	云南	91	西昌市	四川
52	莱州市	山东	92	简阳市	四川
53	南昌县	江西	93	延吉市	吉林
54	广饶县	山东	94	任丘市	河北
55	滕州市	山东	95	荥阳市	河南
56	惠安县	福建	96	韩城市	陕西
57	三河市	河北	97	扬中市	江苏
58	东台市	江苏	98	仙桃市	湖北
59	嵊州市	浙江	99	肥东县	安徽
60	永康市	浙江	100	宜都市	湖北

资料来源：2019年12月10日中国社会科学院财经战略研究院发布的《中国县域经济发展报告（2019）》。

表1－1数据显示，2019年全国综合竞争力百强县（市）分布于我国18个省份，其中江苏、浙江和山东3个省份百强县（市）分别为23席、21席和18席，3个经济大省的总数目达62席，居于第一梯队；河南、福建百强县（市）也较多，分别占8席和6席，河北占4席，湖南占3席，居于第二梯队；内蒙古、安徽、湖北、四川、贵州和陕西各占2席，居于第三梯队；辽宁、吉林、江西、广东和云南各占1席，居于第四梯队。江苏、浙江、山东等沿海发达地区的经验表明，百强县具有强大的固县强省效应，是提升省级经济实力的基础和区域经济竞争力的重要支撑。这些县域民营经济较为发达，确立了自身的强势产业，城乡一体化和基础设施建设已经比较完善，因此，目前百强县中较少采用政府和社会资本合作（PPP）模式推动城市开发①。

第二类是经济贫困县。根据国务院扶贫办统计数据，截至2019年5月全国贫困县数量如表1－2所示。内地31个省份中，除广东、江苏、山东、浙江、辽宁、福建、北京、上海和天津9省份之外，其余22个省份共计481个贫困县（自治县）。从分布数量来看，以西藏、贵州、云南、甘肃等省份的贫困县数量最多，主要集中在西部和中部省份。鉴于经济贫困县是目前中央精准扶贫的重要攻关对象，未来脱贫摘帽以后，国家对这些县域的扶持和支持仍然不会减弱，这些县域经济将主要采取政府主导型开发模式。

表1－2　截至2019年5月全国481个贫困县分布情况

省份	数量（个）	全省县级区划（个）	占比（%）
西藏	66	66	100.0
贵州	47	73	64.4
云南	39	112	34.8
甘肃	39	69	56.5
内蒙古	31	80	38.8
陕西	29	77	37.7
四川	29	129	22.5

① 根据财政部PPP中心统计数据显示，2019年全国“百强县”中，只有浙江嘉善县和德清县采用PPP模式进行城市开发建设。

续表

省份	数量（个）	全省县级区划（个）	占比（%）
广西	22	71	31.0
新疆	22	92	23.9
湖南	19	86	22.1
安徽	18	61	29.5
山西	16	92	17.4
湖北	16	64	25.0
青海	15	38	39.5
河南	14	106	13.2
黑龙江	14	63	22.2
河北	13	121	10.7
吉林	8	39	20.5
宁夏	8	13	61.5
重庆	6	12	50.0
江西	5	74	6.8
海南	5	15	33.3

资料来源：国务院扶贫开发领导小组办公室：《832个国家贫困县历年摘帽名单》。

第三类是介于发达经济和贫困经济之间的中间水平的县域经济体。这类县域经济体的数量和规模最为庞大，共计1301个，占全国1882个县域经济的69.13%，占我国县域经济的主要组成部分。这部分中间水平的县域经济体，经济产业和城市基础设施尚不如百强县发达，但是还有很大的发展空间，亟须发展，但也缺乏如同国家对贫困县的政策扶持、政策优惠等。因此，对处于中等发展水平的多数县域经济体而言，可通过制度创新，发挥政府与市场的特长，积极探索PPP发展模式，开发产业新城，使县域经济形成充满生机与活力的体制和机制，不断增强县域经济实力，提升经济发展水平，实现县域经济高质量发展。

二、县域经济发展中的痛点与难点

当前，县域经济存在经济结构失衡、资源禀赋约束、经营粗放等问题，制约了县域经济迈向高质量发展，这需要我们充分认识和剖析县域经济发展中存在的痛点与难点，克难而进，乘势而上，不断提升县域经济综合实力。

1. 结构失衡：产业、人口、空间发展不匹配

县域经济中的城市是由一定经济产业、人口数量、空间规模有机组成的综合体，产业、人口与空间的发展水平以及耦合程度将直接影响城市发展的质量和水平。以上三者每个部分都非常重要，任何一个部分的滞后都会影响整个县域经济发展的质量。目前，我国处于中等发展水平的多数县域经济体的产业水平、人口规模与空间布局结构失衡，发展不匹配，损害了县域经济的发展效率，不利于实现高质量发展。

第一，在产业发展方面，县域经济三大产业呈现此消彼长的态势。经济总量是体现一个县域产业发展实力最为直接的指标，同时产业结构也是衡量地区产业经济质量的重要指标。从全国县域经济中产业、人口与空间的发展变化视角来看，东部、中部和西部地区各个县域经济体的产业、人口与空间发展速度差异很大。《中国县域经济发展报告（2019）》显示，城镇第二产业和第三产业进步明显。与县域经济第二产业和第三产业发展较快相对的一个重要特征是，第一产业在经济增长中的比重进一步缩小，这种此消彼长的变化也印证了县域经济在我国改革开放以来农村与城市之间经济此消彼长调整的发展态势。

第二，在人口发展方面，人口城市化流动成效明显，但是区域不平衡。从城乡之间来看，《中国统计年鉴 2018》数据显示，2018 年我国城镇常住人口占全国总人数的 59.58%，农村人口占全国总人数的 40.42%，说明我国城市化进程已经取得了很大进展。不过，如果以发达国家 75% 左右的城市化水平作为参考，未来我国城市化还有很大的提升空间。从人口的区域分布来看，呈现很不均衡的状况。相对而言，很多内陆地区的人口流向经济发达的省份和东部沿海城市，经济发达城市和地区呈现正增长，而一些内陆县域人口呈现负增长的发展态势。

第三，在空间发展方面，一线城市、省会城市等对周围县域经济存在较强的“虹吸效应”。通过与北京、上海、广州、深圳等一线城市比较发现，这些一线城市空间发展迅速，而县域城市，尤其是中、西部内陆省份县域经济的发展远不如这些一线城市。虽然以区域经济中心发展为主导的发展模式在一定时期为中国经济发展做出了很大的贡献，但随着一线城市、省会城市经济增长对经济要素的需求，客观上对县域经济的发展产生了“虹吸效应”，由此对县域经济发展所需的人才、资金、资源等构成了制约，不利于中小城市和县域经济的长期可持续发展。

综上所述，目前我国县域经济中存在的经济产业、人口与空间不相适应性的问题，导致经济和社会矛盾增多。在当前我国经济增速回落背景下，在刺激经济复苏和激发发展动能的同时，我们一定要坚持以人为本、全面协调可持续发展的原则，优化城市空间布局，促进产业集约高效发展。总而言之，协调好城市、人口与空间三者之间的关系，形成良好的产业结构、人口布局与空间发展机制是县域经济健康发展的当务之急。

2. 禀赋约束：资源与环境承载力的双红线

改革开放40多年来，我国经济社会持续保持了高速发展的态势。全国GDP从1978年的3650.2亿元增加到2019年的14.36万亿美元，成为继美国之后第二个跻身超“10万亿美元俱乐部”的成员，GDP总量稳居世界第二位。[①] 2000~2019年，我国整体进入城市型社会阶段，城镇化率接近59.6%，超过世界55%的平均水平[②]。但是，经济社会的快速增长是以大量消耗资源、污染环境和破坏生态为代价的，在经济快速增长的同时，经济社会发展与资源利用和生态环境保护之间的矛盾也十分突出。近年来，尽管我国生态环境保护与建设力度逐年加大，局部地区生态环境质量有所改善，但生态恶化与环境污染的问题尚未得到根本解决，资源压力进一步凸显，不少县域出现资源趋紧、环境污染、生态退化等问题，这主要表现在以下三个方面。

第一，资源供需压力巨大，人均资源占有量明显不足。我国是一个人口大国，处于加速发展阶段，资源和能源消费巨大。在能源消费方面，根据国家统计局发布的《2019年国民经济和社会发展统计公报》显示，2019

① 资料来源：国家统计局网站。

② 联合国经济和社会事务部（UN DESA）公布的《2018年世界城市化趋势》报告显示：今天世界上55%的人口居住在城市中。

年我国能源消费总量达48.6亿吨标煤，是世界能源消费第一大国。在水资源方面，我国是一个缺水严重的国家，虽然淡水资源总量为2.8万亿立方米，占全球6%，但是人均水资源占有水平仅为世界人均水平的25%。我国每年平均缺水量500多亿立方米，北方尤其是华北地区的很多县域城市处于缺水状态，严重影响工业生产和农业种植，对人们的生活用水也产生了很大程度的影响。在耕地方面，虽然我国耕地面积20.24亿亩，但由于我国人口基数大，人均耕地不足世界平均水平的40%，有600多个县（市）的人均耕地面积在0.8亩警戒线以下。随着县域经济城镇化和工业化的推进，资源环境的供需压力还将进一步加大。

第二，环境形势极其严峻，县域环境质量状况令人担忧。根据空气质量排名主要指标PM2.5指数年平均值，2018年我国在《2018全球环境绩效指数报告》中排名177位，倒数第4位。全国开展空气质量新标准监测的168个地级及以上城市中，存在88%左右的城市空气质量超标，其中京津冀等地区以雾霾天气为代表的环境污染问题非常突出。根据国家环保总局发布的《2018中国生态环境状况公报》，2018年我国县域面积中，生态环境质量优和良的只有44.7%，一般的占比23.8%，而较差和差的占比达到31.6%，可见县域环境质量形势不容乐观。

第三，自然生态系统受挤占、破坏的情况日趋严重，整体退化趋势明显。在湖泊河流方面，全国河流总数急剧减少，湿地面积持续下降。新中国成立以来，围垦导致130万公顷以上的湖泊面积和长江中下游34%的湿地丧失，消亡湖泊数量接近1000个，“千湖之省”湖北的湖泊数量已减少到200多个。在森林草地方面，有5500万公顷林地在退化，90%的可利用天然草原出现不同程度的退化。[①]“十三五”时期，我国仍处于城市化进程不断加速、经济持续稳步增长的发展阶段，生态环境保护将面临资源消费不断攀升和人民群众对环境质量要求不断提升的双重压力，划定资源环境生态红线、用制度保护生态环境和确保资源永续利用，已成为未来生态文明建设的一个重大议题。

---

① 资料来源：杨邦杰等．中国湿地保护的现状、问题与策略——湿地保护调查报告［J］．中国发展，2011（1）：3；国家林业和草原局政府网2010年1月28日公布的《第七次全国森林资源清查主要结果（2004－2008年）》。

3. 经营粗放：土地资源与发展空间的严重浪费

虽然我国有960万平方公里的国土面积，但是真正适合生产和生活的土地资源是非常有限的。一方面，国家实行严格的用地计划控制政策，全力坚守18亿亩耕地红线；另一方面，县域经济的发展又需要占用大量土地。今后，土地供需矛盾将进一步加剧，经济发展与建设用地之间的矛盾也会越来越突出，具体表现在以下三个方面。

第一，城镇建设土地低效利用情况比较普遍。前些年，为了更好地拉动招商引资、拉动经济增长，很多县域单位急于上项目，打出“营造政策洼地，放宽土地使用门槛”的宣传口号，不考虑客观实际情况，竞相压低地价，企业要多少地就给多少地，对建设项目的投资强度、建筑系数、容积率等控制指标考评不够，导致土地利用率低下。更有甚者，一些项目“圈而不建”，投资强度极低，造成项目占地规模过大、闲置率高、使用率低等问题，土地粗放利用和国土资源浪费现象严重。今后，必须采取积极有效的措施，妥善处理节约土地资源和保障发展的关系，加大对现有闲置土地的置换力度，挖掘盘活既有存量用地，进一步增强土地开发整理和利用力度。

第二，城镇建设土地节约用地意识不强，集约用地程度不高。由于许多地方节约用地和集约用地的意识不强，县域范围内的城区和乡镇土地利用缺乏长期规划，城市建设布局仍然存在很多不合理的情形。城镇中工业区、商业区、住宅区混杂，由于前期规划不足，降低了土地利用的效率。另外，由于对城市土地滥用开发和项目违章建设的执法力度不够，缺乏针对各行各业建设项目用地标准、区域人口密度、产业结构、建筑密度等硬性指标的监督约束机制，也对县域土地资源的节约集约利用产生了负面影响。今后来看，坚持节约集约用地，提高土地利用空间，使有限的土地资源发挥最大的经济效益，是未来县域城市建设必须认真对待的一个问题。

第三，城镇建设用地布局和结构不合理。一些工业企业除了生产辅助设施用地之外，其行政办公和生活设施用地所占比例过大；一些轻工业企业，适宜建设多层厂房的，大多只建设一层，占用土地面积过大，土地空间未充分利用；一些较大的工业项目本可以分期分批次用地来建设，而一次性占用了建设用地，但是二期、三期工程又停滞，造成了建设用地的长期闲置浪费。如何有效破解土地制约发展空间的“瓶颈”，转变经济发展方式，实现“既保护资源又保障发展”的目标，成为摆在我们面前的一个重大挑战。

第三节 传统县域经济开发模式的弊端与限制

基于政府和企业在县域经济项目开发建设中所处的位置及主体归属的不同，我们可以将县域经济开发模式分类为政府主导型开发模式、企业主导型开发模式和政企合作型开发模式。从我国现有的县域经济发展模式来看，政府主导型开发模式占大多数，而随着改革开放的深入，这种开发模式在融资效能、改制效能和治理效能方面的不足日益明显。

一、传统开发模式的融资效能不足

1. 政府主导型开发模式后继乏力

政府主导型开发模式是指在城市建设项目开发由政府规划、政策指引并筹集资金，解决开发过程中的手续，筹集项目开发的资金，并委托国有企业承担具体的项目开发施工、建设、改造和维护各种城市发展项目、公共服务项目的模式。政府主导型开发模式在县域经济发展早期所起的作用是比较大的，但是在城市建设飞速发展的过程中所产生的问题也是比较突出的。

一个重要的问题就是县域政府受财政资金约束，主导开发后继乏力。政府作为城市建设开发的主导者，对资金需求较大。而在我国基层政府禁止发行债务的背景下，县域政府的资金来源主要是税费收入。一旦税费收入不足以支持开支就只能通过卖地的方式获取财政收入。这种“土地财政”发展模式随着土地供应的限制以及房价“天花板效应”变得难以为继。

2. 民营企业主导模式面临融资难和融资贵的问题

企业主导模式是指在城市建设和项目开发过程中完全由企业负责项目开发、施工、建设和运营等一系列活动的发展模式，这是一种完全市场化的城市开发和运作方式。地方政府通过出让用地获得财政收入，但是在项目开放过程中政府不参与具体的运营环节。

在市场发育比较充分、经济比较发达的省区，如东部沿海地区，这种企业主导的城镇开发模式比较普遍。然而，开发商主导模式在中等发展水平和经济相对落后的县域中，存在融资难融资贵、要素成本高、人才引进难等问题。从银行机构授信情况看，银行信贷偏向于支持大企业和大项目，主要流向大城市与主导行业，而一般的县域经济难以获得银行信贷资金的青睐。更为突出的问题是，民营企业在资本实力、生产技术、管理控制、人才培养等方面离大型企业的标准还有很大差距。由此可见，县域民营企业的综合实力仍然有待大幅提升。

二、传统政府投融资平台的改制效能不明显

目前，政府主导型开发模式所依赖的一个重要载体是地方政府融资平台。地方政府融资平台是指由地方政府及其部门或相关机构通过财政拨款或注入资产设立，承担政府投资项目融资功能的经济实体。多年来，各级地方政府所属平台公司作为政府性项目的投融资主渠道，为地方经济发展提供了巨量资金支持，在促进经济发展、推动城市化进程、加快基础设施建设和公共产品供给等方面发挥了重要作用。但是，随着近年来我国经济增长的回落，地方政府融资平台存在的各种问题开始凸显：第一，融资平台公司相互担保，银行违规授信，进一步加大了地方政府融资平台的违约风险，可能导致系统性风险的爆发；第二，随着城镇化高潮的回落，土地财政已经难以为继，政府面临的地方政府债务和利息偿还却越滚越大，这是地方融资平台不得不面对的挑战。

新时期原有平台公司何去何从、如何处置消化存量债务、如何探索新的投融资模式、如何突破自身“瓶颈”转型升级，是当前地方政府面临的

重要难题。总体而言，未来地方政府融资平台的转型升级必须以新的发展理念为指导，从促进县域经济发展和控制融资风险的视角出发，形成规范发展、科学运营、控制风险和服务建设的地方政府投融资平台。在这个过程中，必须要拓展新的视角，推动如何与PPP模式相衔接，既是化解地方债务风险的有效举措，也是推动地方政府融资平台可持续发展的必然路径。

三、传统开发模式的治理效能不突出

在传统的县域经济开发模式中，存在着政府治理效能不突出，政府与企业的关系存在严重的“错位”、“越位”和“缺位”等问题。政府必须从直接参与开发活动、代行企业和市场职能转向提供更多的公共产品和公共服务，维护公正、公平的市场环境。但是，在现实中，政府过多主导市场经济行为，而对公共产品和公共服务建设的提供却相对不足。探寻此问题背后的原因，根源在于没有厘清政府与市场的关系。

从政府在县域经济开发中的角色定位来看，县域经济城市建设项目开发本身是一种市场活动，企业作为市场的主体，在项目开发和城镇建设方面具有专业的优势。而政府在县域经济发展方面主要职责是为经济发展提供发展规划、政策指导以及公共服务，对经济运行进行调控并对市场行为依法进行监管。从经济发展的内在规律来看，政府参与具体项目的开发运营，其结果往往是低效率的，应当尽量避免。

从县域经济发展的市场环境来看，民营企业在县域的发展环境需要进一步改善。在基层县域经济中，民营企业在市场准入、参与市场竞争以及平等使用生产要素等方面仍然面临很多的体制性阻碍因素，特别是在城市基础设施建设、供水、供电、通信等行业仍然面临较多限制。以上限制性因素大大削弱了民间资本的竞争力，使他们参与县域经济开发与建设的积极性难以得到充分发挥。因此，民营企业在市场中竞争面临的政策环境、政务环境、市场环境、金融环境和法治环境等还有待于进一步改善。

第四节
“新四化”：县域经济发展的新要求

党的十八大报告指出：“坚持走中国特色新型工业化、信息化、城镇化、农业现代化道路，推动信息化和工业化深度融合、工业化和城镇化良性互动、城镇化和农业现代化相互协调，促进工业化、信息化、城镇化、农业现代化同步发展。”县域经济要实现高质量发展，必须以“新四化”作为新要求，不断深入推进供给侧结构性改革，加快转变发展方式，解决我国经济社会发展中面临的不平衡不充分问题。

当前，县域经济面临转型升级的巨大潜力、有利条件和难得机遇，在新形势、新目标、新任务的背景下，需要我们贯彻新发展理念，探索县域经济发展新模式，走创新驱动、产融结合、城乡统筹和生态经济发展之路，不断提升县域经济发展的高质量水平。

一、创新驱动

通过创新驱动来促进我国经济高质量发展是当前我国经济发展的一项重要发展战略。县域经济作为整个国民经济发展的基础，落实创新驱动发展战略对县级政府而言，责任重大，意义非凡。县级政府可以从打造优势产业转型升级、构筑科技成果快速转化体系、加强与高校、科研院所的科研与技术合作以及支持县域科技创新公共服务平台建设四个维度，为县域经济高质量发展注入新动能。

第一，围绕县域优势主导产业转型升级和地方经济发展，建设县域科技新城，引导和扶持一批科技创新企业，培育县域经济发展新动能。一是要加强科技创新、创业的孵化作用和科技园示范引领作用，在科技新城大力发展高新技术产业，推进产业新城建设和新兴技术集成创新能力建设，为产业供给侧结构性改革提供科技支撑，推动县域经济高质量发展；二是要根据县域区域特点和区域优势，大力发展特色产业，重点扶持和建设对县域经济发展有支撑引领作用的科技创新实验平台，并且要将其纳入本地经济社会发展总体规划；三是要结合县域主导产业发展需求，进一步完善与现代农业发展相适应的农业先进适用技术创新应用机制，提高现代农业科技含量和创新能力。

第二，构筑科技成果快速转化体系，提高科技成果转化能力。一方面，针对区域经济社会发展、产业转型升级等重大需求，充分发挥县域科技创新实验孵化中心的成果转化和创业孵化功能，构建适宜于科技园与大学、科研院所、企业一体化的成果快速转化体系；另一方面，不断健全科技成果转移转化的政策环境和体制机制，鼓励各类科技成果进驻科技园并进行中试和孵化，让科技创新实验孵化中心和科技园成为县域经济体先进科学技术的辐射源。

第三，加强与高校、科研院所的科研与技术合作，提升县域范围内的先进科技水平。一方面，吸引和鼓励全省高校、科研院所围绕县域经济主导产业发展需要，采取“校（院、所）—地、校（院、所）—企业”战略合作方式，在产业一线建立科技创新技术平台，为三大经济产业和县域经济发展提供技术支撑；另一方面，县级人民政府要从人员配备、资金支持、设施配套、政策保障等方面给予配套支持，为专家团队开展县域科技创新与服务创造良好条件。通过县域与高校、科研院所的深化合作，使县域科研人才队伍不断壮大，高校、科研院所服务地方优势主导产业能力明显提升。

第四，支持县域科技创新公共服务平台建设，促进科技创新机制完善。一是要引导组建科技园、技术创新中心、专家工作站、科技创新实验孵化器、技术交易机构等，为县域创新创业提供系统、全面和高效的公共服务；二是鼓励科技园建立起企业、农民、科研单位等之间的科技、信息、物流和市场对接的有效通道，培养乡土基础科技人才；三是强化政府资金扶持、土地流转、基础设施投入等配套扶持政策，积极采用 PPP 模式引导各类金融机构和社会资本积极投入早期科技创新企业。

二、产融结合

产融结合是指实体经济的产业资本与金融资本在市场经济活动中通过

参股、持股、控股、资金供求和人事参与等方式相互进入对方的活动领域，最终实现产业资本与金融资本的内在结合或融合，达到共同发展的目的。产融结合是市场经济发展到一定阶段的产物，有利于促进产业资本发展，提高金融资本配置的效率，进而实现社会经济资源的有效配置。

产融结合是我国在县域经济发展中解决“融资难”和“融资贵”难题的一把“钥匙”。通过产融结合的方式，有利于解决企业在不同发展阶段里面临的难题，帮助实业主体获得更好的跨越式发展。为了破解经济转型发展中面临的资金“瓶颈”，产业新城作为“脱虚向实”的产融结合新模式，成为县域经济发展的新趋势和发展的新动力。

县域经济通过打造产业新城，加强产融结合，促进实现高质量发展，可从以下四个方面开展工作：一是对县城和城镇空间进行合理布局。坚持布局集中、产业集聚、土地集约和生态保护的原则，强化资源配置，促进“产城一体”，尤其要对县域开发区进行合理功能分区，实现高水平的产融结合。二是通过PPP模式打造产业新城，实现产融结合。借助社会资本参与县域经济产业新城开发和建设，既能充分发挥市场在资源配置上的优势，又能发挥政府在市政建设和城市规划中的职能，最终形成“产城融合”的新型县域经济开发模式。三是重视产业新城与县域中心镇的融合。因地制宜发展特色产业，以产业发展带动人口集聚，以人口集聚推动县域城镇发展。四是坚持以人为本，促进县域农业转移人口的市民化，为产业新城的发展提供丰富的人力资本和劳动力。要全面放宽落户政策，适时出台居住证制度，以居住证为载体，为县域中的流动人口提供基本公共服务。

三、城乡融合

城乡融合是指以推进城乡经济社会一体化为目标，消除城乡差别，使城乡协调发展、共同繁荣，最终融为一体、实现城乡发展双赢为目的发展思路。城乡融合是城乡一体化共同发展和引导乡村经济振兴的重要突破口。只有以城乡融合为切入口，不断促进工农业协调发展和城乡经济融合，才能实现城乡经济共同发展与繁荣。城乡融合要提高县域经济的产业结构水平，繁荣和振兴乡村经济，推进城乡一体化，使县域经济进入高质量发展阶段。为此，必须从发展规划、城市建设、中心镇建设和振兴乡村四个方面集中发力，不断提升城乡融合水平。

第一，坚持规划引领，统筹城乡一体化发展。按照科学合理、城乡统筹、层次分明、配套衔接的原则，形成以县域发展战略为导向，城市总规为核心，专业规划为基础，近期规划为重点，各项规划相互衔接、互相协调的城乡规划一体化建设体系，推动县域经济发展规划覆盖乡村，实现城乡融合。

第二，大力发展产业新城建设，加大县域城市配套基础设施建设力度。在新型城镇化的趋势下，产业新城正在成为承载县域经济工业化和信息化发展的新平台，是工业化和城镇化相结合的一种新型城市发展方式。县域经济城市开发按照新型城市标准进行规划建设，通过 PPP 模式鼓励社会资本参与县城基础设施和配套项目的建设，将产业新城打造成为县域产业集群的现代化载体和平台。

第三，加强小城镇建设，重点发展中心镇。适当撤并部分规模较小、发展潜力不足的乡镇，全面推进和谐小镇的建设。加强中心村镇基础设施建设，实现中心村镇和县域城区建设相衔接。

第四，将振兴乡村战略纳入县域城镇体系建设。按照设施齐全、服务完善、环境优美、管理规范的要求，把农民住房建设与危房改造，产业集聚及移民搬迁建设统筹安排，加快中心村镇建设。引导农民向社区集聚，农村向城镇转变。

四、生态文明

县域经济要实现可持续发展，必须统筹人与自然的和谐发展，走生态文明之路。党的十七大首次提出“建设生态文明”，党的十八大和党的十九大进一步确立了生态文明的重要地位，将生态文明战略纳入社会主义现代化建设的宏伟蓝图中。生态文明建设为县域经济发展提出了更高的目标和要求，在整个县域经济的发展过程中，不仅要追求经济效益，还要追求社会效益和生态效益。未来县域经济的发展必须从发展理念、工作重点和发展模式等多个方面重视、推进和落实县域生态文明的建设。

一是树立生态文明的发展理念。在建设生态文明这一大背景下，县域经济发展要更新发展理念，树立经济发展与生态保护并重的理念，不仅要“金山银山”，更要“绿水青山”。生态文明要求在发展县域经济的过程中做到遵循自然规律，建立可持续的生产和消费方式，寻求与自然环境和生态系统和谐共生的平衡状态。在生产方面，追求低投入、无污染和高产出的经济效率目标；在消费方面，节约环保，适度消费；在政绩考核模式方面，政府要将绿色 GDP 纳入政绩考核中去，将环境保护作为一个坚决不能突破的底线；在生态保护方面进一步发力，力争实现经济发展与环境保护齐头并进。

二是在乡村大力发展生态农业、生态旅游等生态经济。在乡村县域经济发展中要将生态经济作为一个重点，将生态经济打造成为拉动地区经济发展的新的增长极，重点发展生态农业、生态旅游等有益于生态文明发展的产业。在推动生态旅游发展中，要注重旅游品牌建设，加大挖掘旅游资源在自然风光和文化品质方面的潜力，提升游客对旅游的美感和收获，以旅游服务质量取得游客的认可和好评。在发展生态农业过程中，要坚持以市场为导向，多生产满足人民对健康需求为目的的有机绿色食品，以此为依据不断调整农业生产结构，构建符合生态规律的现代农业经济。

三是在城市探索县域经济新型城镇化路子——建设产业新城，实现高质量发展。县域经济要切实转变经济发展模式，摒弃以往的粗放型经济发展模式，推进新型城镇化，打造集工业化和信息化于一体的产业新城发展新模式，实现“宜居宜业”的良性发展。展望未来，在我国县域经济新型城镇化的过程中，产业新城这种发展模式将带来巨大的空间和发展机遇，它将助推我国县域经济从以往“高投入、高消耗、高消费”的物质文明，进化为“高效率、低消耗、高活力”的生态文明，进而实现人与自然和谐共生、生态与经济协调发展理想状态。

第二章

产业新城：现阶段推动县域经济发展的有效路径

推动县域经济发展有多种渠道，比如从重构农村金融体系的角度支持县域经济的发展（吴晓灵，2003）；向以县城为依托、以非农经济为主导、第一、第二、第三产业协调发展的新型县域经济转变（辜胜阻等，2010）等。除这些传统的促进县域经济发展的渠道外，产业新城已经成为推进县域经济工业化和城镇化协同发展的一种有益探索（刘勇，2014）。从现实来看，产业新城作为县域经济开放型发展的窗口和平台，不仅引入了以往封闭型发展条件下所急需的资金、技术、人才、理念等关键要素，更重要的是在更大程度上和更广范围内融入了外部市场体系。实践表明，产业新城对县域外部环境所形成的影响力和集聚力，是提升县域经济专业化和社会分工水平的重要支点，为发展现代农业、加快传统产业转型升级提供了契机。“产城互动”也使现代产业发展与城市拓展的内在联系得以强化，形成了多方面的发展效应。

基于产业新城的视角，本章深入探讨县域经济发展的最佳路径，通过梳理县域经济和产业新城发展的历史沿革，探寻两者的同源性，为产业新城推动县域经济的发展寻找现实依据，并提出产业新城的发展路径和目标，以“为县域经济赋能”为切入点，分析产业新城的终极价值，探讨产业新城发展的关键要素。

第一节 县域经济发展的路径演变

如第 1 章所述，县域作为我国国民经济的基本单元，现阶段占全国

GDP 总量的 40% 以上、总人口的 70% 以上、国土面积的 90% 以上，是决胜全面建成小康社会的主阵地，是我国全面建设现代化经济强国的根基。县域经济的发展直接关系到我国工业化与城镇化的程度，在解决“三农”问题、城乡统筹和区域协调发展等问题上具有不可或缺的作用。本部分旨在从县域经济的发展演变历程中，力求揭示县域经济的发展规律，并结合产业新城的发展情况，探寻二者的同源性，由此为产业新城推动县域经济的发展寻找现实依据。

一、县域经济的历史沿革

1998 年，中郡县域经济研究所成立①，标志着我国对县域经济的专项研究兴起。2002 年党的十六大报告指出，要“发展农产品加工业，壮大县域经济”，第一次鲜明地将县域经济发展提升到全国性的战略层面。2004 年中共中央、国务院发布的《中共中央 国务院关于促进农民增加收入若干政策的意见》指出，要“把小城镇建设同壮大县域经济……结合起来”，进一步推动县域经济发展。党的十八大报告提出的工业化、信息化、城镇化和农业现代化，其同步发展的关键也在县域。一方面，县域经济是加快转变经济发展方式、调整优化经济结构的主战场；另一方面，县域经济也是我国区域协调发展的着力点和城乡融合发展的落脚点。党的十九大报告指出，要“实施区域协调发展战略”，为县域经济进一步高质量发展提出了更高的要求。可以发现，我国对县域经济的发展一贯非常重视，目前县域经济的发展已经从最初的停留在概念过渡为现阶段的全方位推进。

结合国家相关政策及梁惠清（2013）的研究，本章将县域经济的发展过程划分为四个阶段。

1. 计划经济时期公社集体和国有企业为主的阶段

新中国成立后到改革开放前后的一段时间里，我国实行计划经济体

① 2005 年更名为咨询所，是一家专门从事全国县域经济研究咨询和服务的单位，被称为“中国县域经济第一所”。

制，经济发展实行国家工业化拉动战略，优先发展重工业。经济建设的主战场在城市，以农业生产为主的县域地区处于边缘化的位置。

在这段时间里，县域经济中农业占主导地位，广大农村实行公社制，发展少部分社队企业，而在发展工业的地方一般形成城镇。工业发展需要大量的资金，在新中国成立后“一穷二白”的经济形势下，县域资金严重缺乏，只有通过国家计划筹集资金解决这一问题。国家通过实行农村土地财产权集体化管制、实行农产品的统购统销，为县域工业化发展聚集资金，形成了以国有企业和公社集体为主要经济成分的县域经济。由于国家对最初由资源主导而形成的城市和工业的倾斜，县域经济长期得不到足够资金支持，农村和农业发展较慢，导致城乡差距加大，二元结构矛盾加深。

2. 改革开放初期联产承包责任制下家庭和乡镇企业为主的阶段

党的十一届三中全会以后，党的工作重心从“以阶级斗争为纲”转移到“以经济建设为中心”上来，同时，在计划经济中引入市场，1984 年以后实行有计划的商品经济，1989 年后的三年里又实行计划经济和市场经济相结合。在这一时期，农村普遍实行各种形式的家庭联产承包责任制，农产品逐步实现商品化和市场化，空前地调动了农民的生产积极性，极大地解放和发展了农村生产力，农业飞速发展。

这一时期的另一个特点是乡镇企业迅速发展并成为县域经济发展的主要动力。家庭联产承包责任制的推行，使得农业劳动生产率大幅提高，农村开始出现大量的剩余资源和剩余劳动力，乡镇企业发展起来，以乡镇企业为主体的农民企业家、企业成为县域经济发展的主力军，农民创业者经营的个体私营企业的作用越来越明显。

这一时期县域经济增长主要由区位因素主导，各地区根据区位条件适当发展经济，区位条件好的地方乡镇企业发展很快，特别是制度创新，初步显示出其对经济增长的强大作用。

3. 市场经济初期多种经济主体共同发展向民营经济为主转变阶段

1992 年党的十四大召开，提出建立社会主义市场经济体制的目标，我国开始进入社会主义市场经济体制的探索时期，县域经济发展也因此进入新发展阶段。在这个阶段，党和国家在积极促进国有经济和集体经济发展的同时，鼓励个体经济、私营经济和外资经济发展，并依法对它们加强管理。这一时期坚持和完善社会主义公有制为主体、多种所有制经济共同发展的基本经济制度，公有、外资、民营多种经济成分开始共同发展。

1994 年，我国对国企、财税、外贸、金融等方面进行改革，并出台通货膨胀治理政策，经济增长进入由政策主导推动的时期。同时，随着我国物质的不断丰裕，经济开始进入买方市场时代。在这段时期里，虽然市场机制尚不成熟，但充分利用国家政策、因地制宜发展县域经济的地区，均获得了经济的高速增长。广东沿海地区县域，利用国家外资政策，大力引进外资，获得了经济的高速发展；苏浙等地，利用国家关于民营经济发展的政策，大力发展乡镇企业，县域经济也得到了快速发展；而内陆一些县域，利用国家国有企业改革的政策，大力发展关联产业，也获得了快速发展。

进入 21 世纪，社会主义市场经济体制基本建立起来，我国县域经济也进入了一个新的发展阶段。在这一时期，国家重视发挥非公有制经济成分在促进经济增长、扩大就业、活跃市场等方面的作用，由此放宽民间资本市场准入，改善民营企业的发展环境，促进公平竞争。民营企业发展迅速，社会地位提高，经济实力不断增强，在县域经济发展中的作用也越来越显著。许多地区民营经济比重超过公有制经济比重，在江苏、浙江及广东一些地方，民营经济成分甚至超过 90%，由农民企业家创办、经营的企业成为当地最重要的民营经济成分之一。

然而，需要强调的是，在这一时期，由于市场经济体制本身处于探索建立阶段，加之各地资源禀赋条件的差异、发展基础的差距、经济实力的差别，特别是各县域经济的政府部门对相关政策的理解和利用的不同，导致县域经济的发展出现非均衡态势，地区差距逐步拉大。

此时，县域经济发展的主导因素是市场因素，民营企业走入市场，使产业发展由低层次的分散经营转向高层次的专业化、规范化集约经营，经济结构由封闭型格局转向开放型格局；同时，由于市场经济尚不完善，民营企业受短期利益的驱使，外部不经济的情况时有发生，生态环境遭到破坏，低水平重复建设严重，产业结构有待调整和优化。

4. 新时代以产业新城为代表的创新发展阶段

党的十九大报告提出了中国发展新的历史方位——中国特色社会主义进入了新时代。进入新时代，县域经济发展也不再局限于农业经济，而是与农村农业现代化、乡村振兴、城乡融合发展等发展战略相结合的综合经济形态。党的十九大报告提出以城市群为主体构建大、中、小城市和小城镇协调发展的城镇格局，加快农业转移人口市民化，努力推动县域经济发展。

这一时期，县域经济高质量发展成为基本要求。“创新、协调、绿色、开放、共享”的新发展理念，深刻诠释了新形势下要实现什么样的发展、如何实现发展等一系列重大问题，既是新时代我国经济社会发展规律的深刻总结，也是破解新时代我国社会主要矛盾和问题的妙药良方。在这一时期，以产业新城为代表的创新发展模式，为县域经济高质量发展指出一条新路。

通过上面的总结分析我们可以看到，县域经济的发展历程高度依赖于我国经济体制的改革方向。在计划经济时期，我国县域经济的发展以集体经济和国有经济为主导，“全国一盘棋”的现象比较突出，尚未出现不同特色的县域经济发展模式。改革开放初期，在邓小平“猫论”思想的指导下，各县域的发展开始依赖于稍具地方特色的联产承包责任制，乡镇企业在县域经济发展中初现端倪。市场经济初期，民营经济在县域经济发展中开始占据主动地位，不同地区也可以充分发挥各自的区位优势和资源条件，推动县域经济高速发展。而进入新时代以后，人们意识到，发展县域经济不但要注重速度，同样要重视质量，还要具有“命运共同体”的思维，各地力求按照“创新、协调、绿色、开放、共享”的五大发展理念，推动县域经济高质量发展。

实践表明，县域经济发展的历程，也是产业新城发展模式产生、发展和不断完善的一个过程。以下我们将通过产业新城发展历程的回顾与总结，探讨县域经济和产业新城同根同源的特性。

二、产业新城的兴起和发展

产业新城是在新型城镇化背景下，基于城市开发的人本理念，以人为核心、以产业发展为基石、以“产城融合”为标志的城市发展创新模式。可以说，产业新城为中国的新型城镇化提供了可供借鉴的模式样本①。作为一种城市发展模式，产业新城依国情、经济发达阶段和程度等的差异而呈现出不同的特征。就我国而言，产业新城主要有以下特征：一是产业新城的建设与国家宏观政策有较大关系，受政府决策影响很大。最初的开发区、卫星城等的建设发展，或多或少都是国家政策导向作用的体现，由此来看，国家宏观政策成为影响产业新城发展的一个重要不确定因素。二是产业新城的建设最终目的是实现“产城一体”，但受人们理念和实践经验的影响，最初的规划设计主要还是以产业发展为基础，伴随着城市发展进程逐渐完善城市功能。三是我国产业新城的发展方向不是扩充中心城区，而是在充分利用核心城区资源的情况下，以县域经济为载体发展相对独立的城市单元。四是产业新城不仅是区域经济新的增长点，而且承担着新型城镇化进程中人口转移就业的重任，这就要求城市建设在做强、做大产业的同时，要更加注重对于基础设施的建设，以满足人口增长带来的对于生活质量的需求，并且更有助于吸引人才。

我国的产业新城，是在一定时期历史与经济共同作用下的产物，它伴随着我国县域经济发展与城镇化建设的过程而产生。改革开放以来，伴随着国民经济的持续快速增长，中国工业化、城镇化进程不断加快，特别是大城市地区的整体城镇化水平在40多年的时间里得到大幅度的提升，大城市经历着城市功能的重大转型。这种转型的特点就反映在产业结构、居住环境、新经济活动和城市中心区的调整等方面。城市产业结构的调整需要转移或转产原来的工业企业，同时需要引进高新技术产业来发展新兴经济和提高居民的居住水平。在这一背景下，大城市需要寻求新的拓展空间，由此推动其空间在郊区的急剧扩张，随之产生了大量的新城（一般以新区

① 李正豪．什么是产业新城［N］．中国经营报，2012－6－29．

的概念出现，主要以县域经济为载体）开发活动。实践证明，新城开发对大城市总体结构的合理化调整及其社会、经济的可持续发展起着巨大的推动作用。以新城开发为契机成长起来的大城市边缘区（以区县为代表）已成为中国城镇化和工业化发展最为迅速的地区。在大量开发建设的新城当中，又以产业开发为先导的新城数量最多，对于大城市经济发展及推动中国城市化的发展产生了重要影响，并已成为当代中国卓有成效而又极富特色的城市化模式之一。

以产业开发为先导的新城（包括产业新城）就是在上述开发区或工业园区的基础上演变而来的。随着这些开发区或工业园区规模的不断扩大和产业结构的升级换代，它们很快从一般意义上的出口加工区中“脱颖而出”，并携其良好的“示范”效应走向了更高层次。进入 21 世纪后，新城中的相当一部分发展方向出现了转折性的变化，信息、金融、高科技产业逐步取代传统产业而成为发展重点，并在国民经济中占据了重要地位，引起了新城中人们的工作空间、工作方式和生活方式的改变，促使城市功能日益复杂化并不断完善，再加上以高质量的空间环境为目标的规划设计的引导，使之逐步发展成为中国当代城市中最有生机的一种城市开发运营模式。这种新城除保留工业特色以外，许多新的经济活动，如研发、展示、娱乐、金融、办公、居住等，都成为其重要的组成部分。

自改革开放以来，中国具有产业新城特色的产业开发区发展迅速，截至 2019 年 5 月，国务院共批准设立各类国家级经济技术开发区、高新技术开发区、综合保税区、边境经济合作区、出口加工区、旅游度假区等国家级经济技术开发区 219 个，国家级高新技术开发区 156 个，国家级保税区 12 个；分地区来看，东部地区 107 家，中部地区 63 家，西部地区 49 家；此外，省级产业园区约 1600 个，较大规模的市产业园 1000 多个，县级及以下产业园区数以万计①。结合县域经济的发展，我们可以将产业新城的推进过程划分为四个阶段。

1. 以经济特区为代表的起步阶段（1978～1991 年）

该阶段也称为第一代产业园区或产业园区 1.0 阶段。此时正当中国改

① 资料来源：中国政府网，2020－1－19。

革开放之初，所有物资都还比较匮乏，产业园区只要可以提供产业发展的交通便利、水电到位等基础条件，就可以吸引企业入驻。此外，在经济对外开放和城市化快速发展的背景下，经济特区和创新工业开发区的建设步伐加快，其标志是中国于20世纪80年代初在深圳建设蛇口工业区和在沿海开放城市设立的14个国家级经济开发区。在此之后，类似的经济开发区和工业园区在许多城市相继开发建设，对促进经济发展和引导城市空间扩展发挥了重要作用。尤其是在沿海大城市地区设立的一批经济开发区和工业园区，它们通过引进大量外资、先进技术和管理经验，在40多年的时间里迅速发展起来，成为城市中经济发展和城市建设中最为活跃的地区之一。

在这一时期，尚未出现"新城"或"产业新城"的概念，但国家层面已经有了创新发展区域经济的理念，开始布局经济特区和经济开发区。此阶段产业园区主要集中在沿海主要城市，通过生产基地知识的高度集约化，从单纯的大批量物资生产基地进化为较为精练的高附加值产品的生产基地。此时，县域经济还依托于家庭和乡镇企业，和经济开发区及工业园区的集中发展思路较为一致。

2. 科技驱动引领下，以高新技术产业区为代表的快速发展阶段（1992～2000年）

该阶段为第二代产业园区或产业园区2.0阶段。1992年邓小平南方谈话以后，我国沿海地区又掀起了新一轮对外开放和引进外资的高潮，由此也为产业园区的发展带来了新的机遇，这个时候的产业园区主要以各类经济技术开发区和高新技术园区为主。此时，以深圳科技工业园区和张江高科技园区为代表的园区，充分吸取国内外先进技术和经验，打造了以生产、科研、教育为一体的综合基地，推动产业园区快速发展。在这段时期，沿海地区的产业园区发展势头迅猛，国家级经济技术开发区由最初的14家增加到近40家，增幅超过1倍。

这一时期，国家政策大力扶持高新技术企业的发展，各大产业园区充分应用世界先进技术。工业园区的发展由沿海扩展到中、西部地区，经济开发区、高新技术园区、大学科技园区、工业区、出口加工区、保税区等不同功能及产业定位的园区类型应运而生，数量庞大；高新技术产业园区内民营经济得到充分重视；创新正式成为产业新城发展的基本要件。

与第一代产业园区相比，第二代产业园区除了生产制造外，还出现了科技研发、商务办公等功能，并且还出现了标准厂房以及试办公楼、孵化办公楼等功能形态。在产业方面也开始引入技术含量相对较高的汽车制造、生物医药、电子信息等高新技术产业。相对于第一代园区的低端劳动密集型产业，第二大产业园区的高新技术产业更重要的特征是资本和技术密集。所以第二代产业园区有效地促进了各地产业结构的升级，提升了地方经济增长中的技术附加值，增强了区域的创新能力，推动中国由比较单一的劳动力红利经济向一定程度的技术红利经济发展。

3. 以内生动力和技术创新双驱动为代表的提升阶段（2001～2011年）

该阶段是第三代产业园区或产业园区3.0阶段。这一时期产业园内的企业专注于核心业务，周边围绕多家供应链上下游企业，提供原材料和生产性服务，使产业园区的功能复合化发展，逐渐由第二代产业园区演变为功能复合的第三代产业园区。2001年，中国正式加入世界贸易组织，世界工厂的地位逐渐形成，这一方面增强了我国产业园区与世界经济的联系；另一方面也增大了我国外向型产业受国际市场变化影响的程度。由于产业园区2.0阶段中出现的大量园区质量参差不齐，严重阻碍了园区生态的健康发展。2003年和2005年，我国对全国范围内不符合规范的产业园区进行了清理整顿，在很大程度上解决了产业园区的重复建设问题，为我国产业园区的合理规划布局奠定了良好的基础，也标志着我国对园区建设的规划进入理性发展的阶段。苏州工业园区和大连软件园是此阶段具有代表性的产业园区，这些园区主要依靠内生动力和技术创新实现产业升级，着力打造具有复合化、立体化功能特点的产业园区，使城市的发展更加注重以人为本。

这一时期，土地集约化利用得到提升，功能由传统意义上的单一配套转向复合功能设计，运营方式由原来的多类别科技领域的叠加转向专业化的研究开发。与第二代产业园区相比，工业厂房的比例开始下降，商务楼和办公楼开始成为园区内的主体。而在产业方面，除了原有产业外，还出现了包括交通运输业、现代物流业、金融服务业、信息服务业和商务服务业等与原有产业密切相关的服务业。所以第三代产业园区不但完善了复合产业园区的功能，而还使各个产业在分工上进行了进一步细分化。此时，产业新城的概念开始慢慢出现[①]，主张各类产业园区建设在依靠内生动力的同时，也注重使用科技创新的力量；大量民营企业作为创新的主要阵地，进一步得到各级政府的支持，成为带动产业新城和县域经济发展的主要动力。

4. 以“固安模式”为代表的“人本为先”新阶段（2012年至今）

这一阶段是第四代产业园区或产业园区4.0阶段，产业园区已经开始逐渐向产业新城的方向发展。2012年发表的中央经济工作会议公报首次提出了新型城镇化建设的理念，同年7月23日，胡锦涛强调“要扎扎实实抓好实施创新驱动战略”，表明城镇化建设从“要素驱动”走向“创新驱动”。2014年政府工作报告进一步提出“推进以人为核心的新型城镇化”，表明我国城镇化建设全面进入新时代。从实践来看，以固安产业新城为代表的产业园区，以其“以人为本”的发展理念、完善的治理结构和高效的运作方式，契合了新时期我国对县域经济发展的要求，体现出强大的生命力。由此，我国产业新城也进入了以“固安模式”为代表的“人本为先”新阶段。与第三代产业园区相比，除了原先的厂房、办公楼、商务酒店外，商业、公寓、学校、医院等可以满足人们的日常消费、娱乐休闲、生活居住等需求的功能开始出现，不但在功能上更加城市化，而且大大地缓解了城市的“钟摆效应”，减少了员工的城市通勤压力。

这一阶段呈现出以下明显特点：首先，我国从“城镇化建设”过渡到“新型城镇化建设”，相应的要求也从“要素驱动”过渡到“创新驱动”，从以经济发展为中心过渡到以人为核心，表明我国城镇化建设从“量”全方面过渡到“质”；其次，产业新城模式随着这一过程愈发完善，开始注

① 2002年6月28日，河北省第一个以“政府主导，企业运作”模式开发建设的工业区在固安奠基，被称为“产业新城”。固安县政府、廊坊经济技术开发区和华夏幸福基业联手，实施固安工业区的建设和运营。园区管委会作为县政府派出机构，为园区建设提供全方位服务和管理。这一模式不仅使固安的发展建设快速上档升级，也为中国县级开发区发展建设提供了一条新的路径，被誉为“固安模式”。

重“创新、协同、共赢、绿色、人本”理念全方面发展，使得生产和生活得到有机结合；最后，以产业新城为支撑来推动县域经济的发展已日益成为我国新型城镇化建设的新模式。

综上所述，我国产业新城起始于经济特区为代表的工业园区和产业园区，随着经济体制改革和县域经济的发展逐步完善，现阶段已经发展成以固安模式为代表的较为成熟的产业新城模式。在这一过程中，产业新城逐步成为县域经济发展的加速器，其为县域经济“赋能”的终极价值也逐渐显现。

第二节 产业新城的发展路径与目标

通过以上分析可知，产业新城能有效推动县域经济的高质量发展，是新时代县域经济健康快速发展的推进器。在这一背景下，我们有必要明确产业新城的具体发展路径和目标，为有效推动县域经济的发展廓清思路。

一、发展路径：新型城镇化与城乡产业协同发展

从1978年末到2018年末，我国城市数量由193个增加到672个，截至2018年末，我国常住人口城镇化率已达到59.58%，户籍人口城镇化率达到43.37%，城镇化进程明显加快，已接近《国家新型城镇化规划（2014—2020）年》提出的截至2020年末我国常住城镇化率60%、户籍人口城镇化率40%的目标。根据纳瑟姆曲线[①]所揭示的城镇化的发展过程，可以看出，我国现在正处于城镇化建设由高速发展初期向中后期转变的进程，虽然即将提前完成新型城镇化目标规划，但与此同时，也出现了大城

---

① 纳瑟姆曲线表明发达国家的城市化大体上都经历了类似正弦波曲线上升的过程。这个过程包括两个拐点：当城市化水平在30%以下，代表经济发展势头较为缓慢的准备阶段，这个国家尚处于农业社会；当城市化水平超过30%时，第一个拐点出现，代表经济发展势头极为迅猛的高速阶段，这个国家进入工业社会；城市化水平继续提高到超过70%之后，出现第二个拐点，代表经济发展势头再次趋于平缓的成熟阶段，这时，这个国家也就基本实现了现代化，进入后工业社会。

市人口负担过重、区域间发展不平衡等一系列问题。下一阶段新型城镇化建设的重点任务，是在保证资源环境承载能力的基础上，优化城镇化的布局形态，推动城市群和都市圈健康发展，构建大、中、小城市和小城镇协调发展的城镇化空间格局。这就要求新型城镇化建设和城乡产业协同发展，这也是产业新城发展的基本路径。

1. “产业生态化”与“生态产业化”

2018 年 3 月 11 日，“生态文明”被写入《中华人民共和国宪法》。同年，国务院机构改革方案中将环境保护部改建为生态环境部，这是我国生态环境保护管理体制的又一次深刻变革，是生态文明建设中一项重要的顶层设计。2018 年召开的全国生态环境保护会议首次提出了“产业生态化”与“生态产业化”的概念，指出要建立健全“以产业生态化和生态产业化为主体的生态经济体系”，明确了生态文明体系的丰富内涵。

“产业生态化”是指从产业组织管理的角度出发，进行生产流程生态化改造，引入环境友好型新技术，通过各类资源循环利用，在实现产出增加的同时保持良好的生态环境效益，强调在发展产业、生产产品和提供服务的过程中，要做到合理、环保、可持续，适应生态自身循环净化的过程，将对自然环境的破坏降到最低；而“生态产业化”是指按照产业化规律推动生态建设，按照社会化大生产、市场化经营的方式提供生态产品和服务，推动生态要素向生产要素、生态财富向物质财富转变，促进生态与经济良性循环发展，这是产业发展到一定阶段提质增效的必然要求。

“产业生态化”和“生态产业化”作为一个整体提出，是我国现阶段既要发展经济又要保护环境的背景下的内在要求。它将资源利用和生态维护放在同等重要的位置，为经济和环境的平衡与互动发展指明了方向。“生态产业化”与“产业生态化”的侧重点有所不同，但目标一致，两者的协同发展构成了生态产业形成的基本路径。生态产业化强调生态资源的开发，但必须以环境承载为上限，在开发中注重生态化利用。当前生态产业化既要防范公物私用、侵占公共利益，又要防止“搭便车”、降低生态资源效率的现象。“产业生态化”与“生态产业化”的发展是螺旋式上升的过程，两者相辅相成，相互作用。总之，“产业生态化”与“生态产业化”的结合对于解决我国新时期发展的不平衡、不充分问题具有非常积极的意义，它是推动县域经济高质量发展的有效方式。

2. 产业新城中的产业支撑

产城高度融合是产城一体化的重要方向，党的十九大提出“实施区域协调发展战略”，以城市群为主体构建大、中、小城市和小城镇协调发展的城镇格局。此举有助于加速推进新型城镇化建设，推动新型城市发展，加快培育新生中、小城市，促进产城融合发展。随着“一带一路”“中国制造 2025”“互联网 +”“产融结合”等的稳步实施与加快推进，中国产业结构不断优化和调整，产业新城作为“双创”载体和中国经济转型升级的引擎，在推动中国经济发展中将发挥越来越重要的作用。

（1）产业支撑体系的构建依据。近几年来，中央政府高度关注新型城镇化问题，党的十八大报告明确提出要促进“四化”（工业化、信息化、城镇化、农业现代化）同步发展。2015 年的《关于加大改革创新力度加快农业现代化建设的若干意见》以及《国家新型城镇化规划（2014—2020 年)》也重申了“四化”同步是重要的发展战略。当前，我国信息化所取得的成绩有目共睹，信息化速度要快于城镇化速度，并且随着国家“互联网 +”战略的提出，未来必将迎来新一轮信息化的浪潮。在这样的大背景下，把信息化融入新型城镇化，有着坚实的现实基础与无限的发展潜力。

（2）产业支撑体系构建的原则。构建产业新城中的产业支撑体系，须遵循以下原则：

第一，“四化”同步，统筹城乡。推动工业化、农业现代化、城镇化及信息化同步发展，是国家的重要战略选择。构建新型城镇化的产业支撑体系，需同步推动信息化和工业化深度融合，实现工业化和城镇化良性互动，促进城镇化和农业现代化相互协调，形成“四化”同步发展的局面。

第二，生态优先，绿色发展。发展县域经济是解决农村剩余劳动力转移及实现城镇化发展向生态文明模式转型的主要方式，而生态体系建设在县域经济中的地位更是重要。要站在战略上的高度，将生态产业规划和生态城镇规划结合起来做，谋划好生态县、生态城镇，尤其是生态县城的长远发展目标。要把生态文明建设融入经济社会建设的各个方面，推进“四化”同步发展。

第三，信息支撑，创新发展。信息化体现了新时代的特征，是先进生产力的代表。无论是德国提出的“工业4.0”以及美国提出的“工业互联网”，还是我国强调的“互联网+”，都凸显了新的时代背景下发展信息技术、推进信息化进程的重要性。将信息化融入新型城镇化过程，将会发挥至关重要的引领和助推作用。而新型城镇化也是最大内需之所在，将会为信息化带来巨大的发展空间。

第四，金融创新，产融结合。各地政府、企业、金融机构之间密切合作，以城市为抓手聚集地方政策资源、产业资源和金融资源，集中力量探索有效的产业新城新模式，为小微企业、实体经济营造良好的营商环境。政府通过发挥财政资金的引导和放大效应，形成政府产业引导基金群，改善小微企业的直接融资环境。

（3）产业支撑体系的总体构架。新型城镇化产业支撑体系的主体部分包括生态工业、生态农业及生态旅游三大部分。在产业支撑体系中，生态工业创造供给，生态城镇创造需求，生态旅游改善外部环境，生态农业则为生态工业、生态城镇、生态旅游提供支撑和保障，而信息化能有力地推进其他生态工业、生态城镇、生态旅游、生态农业的发展。

（4）产业支撑的关键在于产融结合。2017年中央“一号文件”明确指出，鼓励地方政府和社会资本设立各类农业农村发展投资基金，即推动产融结合的发展。产业兴旺对于发展县域经济来说非常重要，其先行条件是产融结合。产融结合是产业新城存在的前提和重要支撑点，也是农业、工业产业化向深层次、高质量发展的必经之路。

推动产融结合，应当努力做好以下工作。第一，要努力发挥金融创新的驱动作用，营造产融结合的新金融生态。如引进云金融平台为核心的金融科技系统，打造先进的金融技术基础设施体系，发展金融科技配套服务，完善金融服务的产业链，形成新型金融生态环境，提高金融服务竞争力。第二，搭建金融融通平台，更好地服务当地产业。要开拓金融资本向产业资本转化的通道，搭建新型产业资本运营平台，使社会资金通过金融渠道向实体企业聚集，并转化为当地实体产业资本，直接为企业生产经营服务，并搭建对实体企业的综合金融服务体系。第三，综合使用新型技术和手段。以新一代信息技术和大数据分析为支撑，全方位整合多种金融资源，将传统与新型金融工具相结合，形成综合金融服务模式，打造依托互联网的综合金融交易服务平台，使企业全面对接各种金融市场资源，构造良性的资金循环系统。第四，加大专业人才培育力度。建立创业孵化金融服务平台，实现创新创业项目股权和资产的场外交易，增加服务网点，采取措施吸引高素质金融人才，同时加大力度组建和培育区域总部金融服务企业，强化本地化的金融服务，完善金融服务机构网络和服务体系，为企业提供全产业链和全生命周期的金融服务。第五，搭建金融和实业的沟通平台。要构建智慧供应链金融运营平台，整合生产、供应、消费和物流各环节，围绕智能工厂、智能制造、智能物流，通过互联网、物联网，将核心企业和上下游企业联系在一起，提供金融与产供销集成式的服务，通过立体获取各类信息将风险控制在最低水平，将单个企业的不可控风险变为产业链企业整体的可控风险。

3. 产业新城中的城乡协同

“城乡一体”是城乡协同的最佳体现。我国长期实行的城乡二元结构造成了城市病、农村空心化等诸多问题，是制约城乡发展一体化的主要障碍。如何打破二元结构，让广大农民平等参与现代化进程、共同分享现代化成果，是产业新城的重要任务。

以华夏幸福为代表的产业新城供给方始终坚持“以产兴城、以城带产、产城融合、城乡一体”的发展思路。在规划新城产业发展定位时，强调因地制宜、特色发展；在招商引资、产业导入时，强调绿色低碳、环保科技；在城市功能配套上，注重以人为本、服务民生，同步完善市政、生活、居住、商业、教育、医疗、休闲娱乐等功能配套，统筹推进各项社会事业，坚持产业发展与城市发展双核驱动，实现经济发展、社会和谐、人民幸福，推动城市的高质量、可持续发展。

华夏幸福的案例说明，一方面，产业新城依托于地方政府的各项政策，能够打通城乡发展之间的要素市场，推动城乡间土地、资本、劳动力的加速流通；另一方面，产业新城自带融资、改制和治理等方面的效能，在带来资金支出的同时，也推动了财政体制和土地制度等方面的改革，完善了城镇和乡村的治理，进一步推动了城乡协同发展。

二、战略目标："以人为本""产城融合"

从"以人为本"的角度来讲，让人们安居乐业，透过人群凝聚力量，促进城市永续发展、不断革新，有力推动城市的活力常青，这也是县域经济发展的内在动力和根本目标。产城融合是实现新型城镇化的关键路径，人本视角下的产城融合最终要实现产业、城市、人之间的和谐共生与可持续发展，形成产业新城模式，通过推动县域经济的发展来缩小区域间的差距。同时，产城融合又是产业新城的核心理念，它以产业为先导、城市为依托，用领先的城市发展、物业服务能力来建设有扎实的产业基础、城市功能完善、生态环境优美、文化氛围浓厚的新城区，是推动地方产业转型升级的动力引擎。

1. "以人为本"的内涵要求

人本视角下"产城融合"的内涵是：围绕人的多元需求，以提高人的效用水平为目标，合理配置各类生产要素和生活要素，促进产业发展与城市功能的融合联动，最终实现产业、城市、人之间的和谐共生与可持续发展。新型城镇化中的"新"体现在"以人为本"的理念已经达到前所未有的高度，新型城镇化就是要实现"以人为核心"的城镇化，这意味着对"产城融合"的理解需要从传统的"功能导向"向"人本导向"转变。"人"是"产"和"城"之间有效互动和融合上升的关键连接点，也是产城融合的出发点和根本落脚点。产业是城镇发展的经济基础，城镇是产业发展的平台载体，而"人"是产城融合的核心因素和主体。以人的发展为目标，就是要重点关注"人"对美好生活的需求，包括就业、收入、农业转移人口市民化与公共服务供给等。传统粗放式的"土地城镇化"的发展模式，应向"产业的城镇化"、"城市功能和服务的城镇化"和"人的城镇化"三者融合发展转变。

2. 城镇的可持续开发模式——"产城融合"

我国在快速城镇化的过程中，出现了产业与城市发展的不协调现象，包括城市扩张超过产业发展所导致的“空城”现象、产业发展超过城市承载所导致的“堵城”现象、传统产业衰退而新产业接续不良所导致的“衰城”现象，等等。因此，如何促进产城融合发展是迫切要解决的现实问题。《国家新型城镇化规划（2014—2020年）》提出，“产城融合”是新型城镇化发展的主导思路。党的十八届三中全会提出，坚持走中国特色新型城镇化道路，推动产业和城镇融合发展。党的十九大报告提出，构建大、中、小城市和小城镇协调发展的城镇格局，加快农业转移人口市民化。我国经济已由高速增长阶段转向高质量发展阶段，提升城镇化质量迫在眉睫，产城融合是实现城镇化高质量发展的有效路径。产城融合发展能够有效扭转产业和城镇发展供求不平衡的基本状态，防止两者的割裂和脱节现象，实现产业和城市的高度匹配和融合发展，更好地满足人们对美好生活的需求。

3. 产业新城对新型城镇化战略目标的统一

通过对产业新城发展阶段的梳理我们可以发现，产业新城发展到新阶段，本质上是国家基于新的发展环境和发展阶段对城镇化所提出的新要求，明确新型城镇化要注重“创新驱动”，重视以人为本的理念，这些要求表现在产业新城的发展模式上，就体现为产业新城的战略目标是以人为本，而创新则是产业新城的本质要求。总体而言，产业新城的作用与新型城镇化的战略目标高度契合，这主要体现在以下三个方面。

首先，产业新城实现产业聚集，推动落后地区的经济发展。其次，产业新城促进了大城市人口的积极疏散，提升了周边中、小城市的城市化质量。在当前大城市产业外溢、环境品质下降、人口拥挤的大环境下，通过在大城市周边县级市布局产业新城，在吸引人才进入新城工作生活的同时，也疏散了大量的城市人口，提升了县级城市的城市化质量。产业新城由此成为连接大城市和乡村地区的纽带，在辐射农村、扩大就业中发挥了重要作用。最后，产业新城提供了大量的就业岗位，吸引农民就业，提升其收入，扩大了当地内需。产业新城建设过程中会出现大量的基础设施、工业生产、商品的运输和交易以及社区服务等领域的用工需求，无形中创造了很多就业岗位，有利于农村剩余劳动力的市民化。这种变农民消费为市民消费的方式，可以使农村潜在的消费需求变为现实的有效需求，有利于加快城镇的交通、供水、供电、通信、文化娱乐等公用基础设施建设，并带动多个相关产业发展。

第三节 产业新城的终极价值：为县域经济“赋能”

产业新城在推动县域经济快速发展的同时，在促进对外开放、加快体制机制改革、吸收劳动力助推城镇化进程和缩小区域发展差距等方面均发挥了重要作用。随着改革开放的深入推进，产业新城的形态和模式也在不断推陈出新，它不但为县域经济的发展提供了新动能，也为市场经济的不断完善和我国高质量发展注入了新的力量。产业新城以“产城融合”为标志，以产业集群为抓手，在承接中心城市产业转移、加快实现县域经济高质量发展、促进城乡区域协调发展等方面成效突出。现阶段产业新城探索出的以固安县政府创新 PPP 市场化运作为代表的模式，走出了一条“以产兴城，以城带产”的新发展路径，不仅促进了合作区域高质量发展，企业也发展成为国内领先的产业新城运营商。总体来看，产业新城可以从以下四个方面为县域经济的发展赋能。

一、激活县域经济的潜在比较优势

由于环境差异、资源和市场分布不均匀，县域经济在资源和市场方面存在着有限性和不完整性，这就要求县域经济的发展不能“小而全”，而是必须根据市场的需要，在国家宏观经济政策的指导下，突出本地特色和优势，培育、壮大主导产业和龙头企业，主动参与县域外的经济分工与协作，提高县域产业发展的开放程度，在更大的区域范围内进行资源配置。任何一个县域均有自己的地域特色，即使是在特别贫困的地区，也会存在某种资源优势。因此，要充分认识自身的地域特色，并在合理的区域和市场内确定自身的比较优势，将地域特色与市场需求进行有效匹配，将地域特色和比较优势转化为县域的竞争优势。

实践表明，产业新城运营主体能够深度发掘和利用县域经济的特色资源，发展体验、观光、休闲、生态多种形式的都市农业和休闲度假旅游业，由此显著激活县域经济的比较优势。以固安县为例，华夏幸福在推动产业新城发展的过程中，第一，通过推进土地流转，建设了1000户占地500亩的家庭休闲体验园；第二，围绕永定河绿色生态带建设，通过市场运作的方式，沿永定河右堤、大清河左堤固安段实施万亩油葵、万亩薰衣草、万亩三叶草工程建设；第三，以南王起营村为核心，发展了万亩露地花木种植，打造了南北两个集休闲度假、餐饮娱乐为一体的观光农业基地；第四，发展休闲农业，对现有果园资源进行升级改造，建设集果品生产、观光采摘、餐饮旅游于一体的万亩园艺生态果园；第五，发展生态农业，以7个乡镇的40个蔬菜专业村为中心，建设4万亩绿色有机蔬菜生产基地；第六，围绕独特的温泉资源优势和产业新城的区位优势，固安在统筹城乡发展中还着力发展以温泉养生为基础、以都市休闲和度假服务为载体的休闲度假旅游业，有力推动了农村经济的转型发展。

二、为县域经济注入新的经济动能

单一产业发展空间有限，只有实现产业集群的有效聚拢才能促进整个地区的发展升级。2017年5月，《关于县域创新驱动发展的若干意见》部署了县域创新驱动发展的8项重点任务，其中，加快产业转型升级，促进县域特色主导产业向绿色化、品牌化、高端化、集群化发展位列首位。“产业优先”是产业新城发展的核心策略。以固安产业新城为例，华夏幸福在产业新城的建设过程中，坚持高点起步、高端定位，初步建立起新型显示、航空航天、生物医药三大千亿级产业集群。产业集群已经成为产业新城发展的必备条件，京东方、鼎材、翌光等十几家新型显示行业知名企业汇聚固安，大量优质企业的聚拢，使得固安产业新城优势产业的力量得到了快速、精准的集结。

此外，河北香河、安徽和县、安徽肥东、浙江南浔等区域打造机器人产业集群，为当地智能化的发展提供了新动能；河北固安、河北怀来、武汉新洲等区域打造航天装备产业集群，为当地高科技发展提供了新思路；浙江嘉善、河北固安、江苏溧水等区域布局智能网联车产业集群，为当地智能化数字化发展提供新方案；河北霸州、河南武陟、江苏高淳、武汉问津、成都蒲江等区域打造现代食品产业集群，为当地经济高质量发展提供新渠道。总而言之，通过产业集群的力量，产业新城能够为合作区域高质量发展不断注入新的经济动能。

三、促进县域经济的内生式增长

内生增长，是指在推动经济增长过程中，不仅注重资本、劳动、收入等经济变量，也更加关注技术、知识、制度等非经济变量的重要作用，从而克服经济增长要素单一带来的回报递减，逐步形成要素回报递增，最终实现经济持续增长。内生增长理论认为，经济之所以能够长期增长是由内生因素提供的动力带来的，而科技进步和知识积累就是首要动力，以往关注的传统的增长来源（实物投入、资本投入等）只是作为技术进步和知识积累的伴随物来发挥作用的。

长期以来，县域经济高速增长的动力来源就是政府主导下的投资与出口两方面，也可以称为政府制定的宏观经济政策。但在我国经济进入新常态后，一方面，政府出台的宏观政策只是作为刺激经济增长的诱导因素，它本身并不具备推动经济增长的内在动力；另一方面，县域范围内的资源禀赋和市场空间虽然能够为经济高速增长提供可能性，但县域经济本身在发展过程中却很难自动形成高速增长的内在动力机制。而产业新城通过激活县域经济发展的潜在比较优势，能够有力推动县域经济特色发展、高质量发展，深刻发掘县域经济发展过程中的内在动力，为自身进一步发展提供新动能，最终实现县域经济的内生式增长。具体来讲，创新是产业新城发展的基本要件，“创新驱动”是产业新城基本要求，而创新往往以技术进步为主要特征，在这一背景下，产业新城的发展必然会带来先进的技术。从内生经济增长理论的角度来看，技术的进步就意味着经济的增长，推动产业新城发展也势必会带动县域经济内生式增长。

四、高效率配置高端要素资源

产业新城运营商具有较强的产业规划和产业开发能力，能够以更高的定位、更宽广的视野为县域产业发展进行产业规划、承接产业转移。产业新城运营主体通过建设产业园区搭建承接产业转移的平台和载体，从基础设施的改善到营商软环境的优化，不断完善产业落地的条件。华夏幸福根据目前各个行业的发展形势和前景，围绕行业的龙头企业或全国性的协会来招商引资，不同的团队负责不同产业领域的招商引资工作，为产业新城引进企业打造产业集群，并为产业园区打造绿色生态环境。

当然，产业新城运营主体要做到高效率配置高端要素资源，必须具有良好的营商环境。从目前的情况来看，如果产业新城项目落地区域的政府积极改善营商环境、加快实施商事制度改革、建立健全扶持企业政策、完善外资合作制度，就能充分激发市场主体热情，由此为县域产业转型升级创造优越制度环境和市场环境，为加快推动县域经济高质量发展和构建现代化产业体系注入持久动力。

总之，专业的产业新城运营主体需要根据县域的现有资源和产业发展趋势引进高端要素，并结合自身的资源与优势精准施策，营造宜居宜业的新城环境，积极对接国内外高端创新资源在县域地区落地生根、开花结果。与此同时，当地政府需要不断深化要素供给侧改革，确保产业新城项目的高效、顺利落地建成。

第四节
支撑条件：产业新城发展的关键要素

随着城市经济与产业的发展，国内产业新城已经从过去依赖产业政策发展到通过提升运营效率来增强园区价值的新阶段，产业新城发展的关键要素也随之发生改变。在现阶段，产业新城发展的关键要素取决于以下三个效能的提升：一是融资效能，即提升产业新城在“造血”方面的能力；二是改制效能，即提升产业新城在倒逼机制改革方面的能力；三是治理效能，即提升产业新城在社会治理方面的能力。

一、融资效能

在产业新城发展的过程中，最重要的金融需求就是对基础设施与公共服务建设方面融资的需求，因为这两者在经济发展中起到起始性的关键作用。只有基础设施得以完善，生活水平明显提高，满足新型城镇化发展的各项必要条件，产业新城的发展才可以顺利地进行下去。而产业新城的基础设施建设主要包括两方面：一是一般性生产和生活设施，如道路、电力、通信、医疗卫生与文化教育等方面基础设施建设；二是与生产生活的需要相关的设施建设，如住宅、商业网点与娱乐设施等建设。

除此之外，另一重要的金融需求就是中小企业的融资需求。根据中国家庭金融调查，中小型企业是构成我国工商业的主体，也是推动产业新城发展的关键动力所在。但是由于中小型企业自身经营规模较小、信用能力较弱、融资渠道较窄等特征，金融机构仍然是中小企业的主要融资渠道，中小企业普遍存在着资金紧缺的现象。

由此可见，提高融资效能在产业新城的发展中起着关键的作用，而融资效能的提高应通过以下四种方式。

一是营造良好的政策环境并梳理产业新城中银行的组织构架。首先，应加大扶持地方性商业银行，保障为经济服务的地方性商业银行的健康成长，使这些地方性商业银行成为帮助产业新城发展的主力军，如降低民营经济入资，降低农村银行市场的门槛，对城市商业银行在制度上进行帮扶，允许全国性股份制银行根据自身的业务发展设立相应的分支机构。其次，还应深化改革国有银行，纠正国有四大行将发展重心远离农村的现象。最后，还应全面改革农村信用社，不应采取“一刀切”的政策，应根据区域发展水平的不同选择适合的体制。

二是控制产业新城资金外流。在产业新城中金融的供需问题是关键，不少地区结构性和区域性贷款难问题尤为普遍。因此，应提高金融服务能力，创新金融手段，提高业务透明度，加强产业新城中各主体资金的可得性。同时，完善监管信贷指标，防止县级国有银行的资金被上级抽走，建立权责考核机制，将国有商业银行对产业新城的发展贡献纳入考核机制中，并且要从考核与处罚两方面加强监管，防止资金外流。

三是金融机构多元化满足产业新城金融需求。首先，应打造产业新城中的资本环境，建立证券租赁机构和信托投资公司机构满足农村的投资需求；其次，积极开拓县域中的保险市场，使保险机构及保险产品多元化发展，同时应配合经济发展满足产业新城中的金融需求；最后，强化金融与互联网相结合，提升产业新城中经济发展主体金融服务效率。因此，在产业新城的发展中必须不断注入新元素，证券机构、保险机构、信用担保机构等的资产配置必不可少，同时应注意机构搭配的合理性，优先满足产业新城建设中的金融需求，保障经济平稳运行、稳步增长。

四是开展金融制度创新并提高金融服务水平。政府机构应创新制度来严厉规范约束民间借贷行为，并加强其他金融机构组织管理，严厉打击高利贷、非法集资、金融诈骗等问题。同时，通过建立小微贷款公司等将地下金融合法化，整合民间资金来助力产业新城的发展。而对于金融服务来说，提升服务水平，提高金融服务质量，由原先单一的信贷需求转向提供存贷、结算、理财、代理、保险等多样化服务，顺应市场转变与需求，提高顾客满意度。

二、改制效能

产业新城是一个创新举措，它是对现有城镇化建设和县域经济发展模式的一种旗帜鲜明的改革。因此，产业新城本身必须具备较为全面的改制效能，从而能够打破旧有的体制，实现创新发展。

首先，在地方政府资源配置方面，产业新城能够推动不断深化要素供给侧改革。政企双方应清晰界定政府与合作企业各自的责任和利益边界，用“契约精神”取代“身份观念”，确保政策的连续性和稳定性。其次，在市场化资源配置方面，产业新城能够通过建立利益共享、风险共担机制，大幅度减少政府对资源的直接配置和对资源要素价格的干预，依据市场规则、市场价格、市场竞争优化资源配置。最后，在人力资源配置方面，产业新城能够推进构建以企业需求为导向的人力资源管理新模式，同步推进以产出为导向的土地配置制度改革、以绩效为导向的财政预算制度改革、以服务实体经济为导向的金融体系改革，不断提升要素资源配置效率，推动产业新城重点产业加快发展和产业能级的提升。

三、治理效能

在治理方面，产业新城与老城区相比有着明显的差异。对于老城区而言，治理的重点在于解决人数过多的问题；而对于产业新城而言，治理的重点则应解决人数过少的问题，产业新城应吸引厂商及人才进驻，避免出现空城、鬼城、死城等现象。结合华夏幸福在推动产业新城建设过程中的经验，我们可将产业新城社会治理效能概括为五个目标与四个基本点[①]。

1. 治理效能的五大目标

一是政风清明，政务服务优质高效，政治生态好。政治生态好是产业新城在长期发展过程中的基础。只有政风清明，居民对当地的未来发展才会有更多的自信，居民的满意度与幸福感才会更高。二是经济充满活力，营商环境好。营商环境是吸引外来资本在产业新城中扎根的关键所在。经济形势好、未来发展前景光明、地区经济政策倾斜等都会吸引大量产业入驻，形成规模效应与集群效应。产业新城内部资源流动加快，成本与壁垒逐渐降低，由此能吸引更多企业入驻，形成良性循环，从而带动产业新城向前发展。三是产城融合，服务配套，宜居生活环境好。在产城融合的过程中，要注意基础设施的建设、生态环境的维护、居住环境质量的提升与城市科技产业的快速发展，以提升居民生活的幸福感和归属感。同时，配套设施应不断完善，如解决以前旧城区中看病难、入学难、就业难等问题，由此提升产业新城的吸引力。四是社会和谐，新移民与原住民和谐相处。在产业新城的不断建设过程中，一定会有大量新移民迁入。这一过程中可能会出现由于最初地域差异所带来的生活习惯的不同而产生的矛盾，

① 钟科．和谐宜居智库罗亚蒙教授：产业新城治理有六大目标［EB/OL］．中国网，http：//news. china. com. cn/txt/2018－03/30/content_ 50777940. htm.

解决好这一矛盾，产业新城才能稳定地向前发展。五是高质量发展，努力建设成为科技新城、智慧新城。我国现在的建设与发展也是朝着科技型、创新型国家迈进，寻着这一发展路径，产业新城的建设应当也是高质量地朝着科技新城、智慧新城的方向发展，这既是国家战略规划下的大势所趋，也是民心所向。

2. 治理效能的四个基本点

一是把握经济发展的新动能。党的十八大以来，我国经济开始由最初的粗放型高速增长转向高质量的发展阶段，顺应经济发展的新要求，促使城镇化发展从“要素驱动”走向“创新驱动”，这是大势所趋，不可逆转。现代新技术，如人工智能、区块链、物联网、大数据与云计算等，是当前经济发展的新动能，它们正在深刻地改变着城市的生活生产方式与治理方式。在产业新城的发展中，我们一定要用好这些新动能，促进产业新城的发展。二是保护生态环境，实现可持续发展。在城市发展中，绝不能以生态环境的损害作为代价来推动城市的发展。产业新城发展的关键是人而不是产业，生态环境的维护是产业新城发展的一条红线，不可打破。三是产业更新，持续提升现有产业的科技含量。在产业新城的发展中，要努力发挥该地区产业的集群效应与示范效应，增强企业的相互依存度，形成生态产业链，降低企业生产成本，发挥规模优势与带动效应，打破企业间的信息壁垒，促进企业信息与资源要素的自由流动。同时，应进行产业升级，提升产业的科技含量与创新能力，增强企业的核心竞争力，推动地区经济的长效发展。四是综合管理，智慧执法，和谐宜居。城市管理也具有成本，提高城市管理效率就可以降低城市运营成本。而市民的满意度、幸福度既是产业新城治理的初心与归宿，也是发展经济的最终目的。创新管理和执法的手段以及提高居民在城市治理中的参与度，都可以很好地提升产业新城的综合治理能力，打造和谐宜居的产业新城。

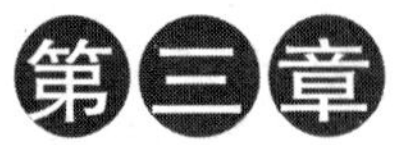

PPP 在“产业新城”发展中的探索实践

作为推动县域经济发展的重要路径，“产业新城”近年来已经成为我国在新时代背景下驱动区域点状增长极的投资新高地。然而，“产业新城”并非一个新话题，其相关理论与投建模式的研究一直是各界跟踪探寻的热点。特别是伴随着传统开发模式弊端的不断显现，如何以一种更加高效、可持续发展的新模式实现产业新城高质量的开发，是当前需要深入研究的重大课题。

本章通过剖析国内外产业新城实践中具有代表性的案例、分析相关行业市场概况，以期梳理产业新城实践发展脉络，呈现我国“PPP + 产业新城”模式实践现状，并结合经济学理论基础与我国的政策环境，探讨 PPP 模式助推产业新城发展的机理。

第一节 国内外产业新城的发展实践

一、纯政府主导的产业新城——日本筑波

20 世纪 50 ~ 60 年代，随着欧美等传统发达国家城镇化率的提高而不断攀升的制造成本，导致劳动力密集型制造业不断向相对欠发达的日本、韩国、中国台湾等国家和地区转移。经过 30 余年的发展，随着这些国家和地区的城镇化率不断升高，它们经历了从接收转向输出中低端制造业的过

程，并开始了大范围的产业转型升级，大力发展科技含量更高的制造与服务产业。位于东京东北方50千米的世界著名的筑波科学城，成为那段历史和变革的一个缩影。

“集中力量办大事”无疑是纯政府主导的开发模式最大的优势。从20世纪60年代初至90年代末的30多年中，在过度宽松的财政与金融政策背景下，日本中央政府对筑波科学城的直接投资高达2.5万亿日元。全国31%的国家研究机构、约40%的科研人员、约50%的科研经费都集中在筑波科技城，为日本的科技发展做出了巨大的贡献。① 然而，不可否认的是，筑波科技城发展模式也存在着较为明显的弊端。

一是政府主导与市场机制脱节。筑波科技城完全由日本中央政府开发与管理，从规划、审批、选址到科研等整个过程和运行完全是政府决策，私人机构和企业被限制发展，整个科学城缺乏自我生存机制和造血功能。

二是产业化与城镇化脱钩。住宅建设相对迟缓，公共交通设施相对不便利，各类配套的教育、娱乐、休闲设施的缺乏，致使城市的宜居性长期处于不足状态，阻碍了人口的迁入。原计划人口应在1990年达22万人，但直到2015年人口才突破这一数字，且按照最新测算，1963年公布的初始规划35万人口需要到2030年才能实现。② 人口的不足反过来提高了商业、文化娱乐等各种服务设施的建设和利用成本，影响了此类设施建设的完善，进而形成一个恶性循环。

三是投入与产出比背离。筑波科学城受日本中央政府直接管理，中央和地方政府的发展目标不统一，导致科学城无法与当地经济有机融合。这直接造成了区域内研究机构、企业、市场没有形成完整的产业链条，研究成果转化率较低，导致耗时30多年建设、投入2.5万亿日元后，筑波科学城1999年仍然以农业科技为主，产值较低，其产业形态、规模与科研投入完全不相匹配。③

四是科研与应用脱离。大部分入住筑波科技城的主体为享有政府财政拨款的国家级研究机构，研究内容以基础科学研究为主，并以论文和科研

---

①② 钟坚．日本筑波科学城发展模式分析［J］．产经评论，2001（9）：31－34．

③ 乌兰图雅．日本筑波研究学园城市模式的构建及启示［J］．天津大学学报（社会科学版），2007，9（5）：439－442．

成果的发表为目的，而与市场对科研成果转化为现实生产力的需求未紧密相连，且研发人员本身的收入与研究成果及其创造的价值没有直接联系，缺乏相应的创新激励机制。

筑波科学城采取了“中央政府投资、中央政府管理”的模式，其长达50多年的发展历程中反映出纯政府主导的“产业新城”的利弊，可以为“PPP+产业新城”模式起到一个很好的警示和借鉴作用。

二、完全市场主导的产业新城——加州尔湾

20世纪50年代，美国的许多大城市开始出现人口流失现象，大城市病、资源短缺、空间拥挤等原因共同造成了这一结果。随着洛杉矶大都市圈的发展，尔湾捐出土地用于建设加州大学尔湾分校，开启了它的大学社区时期，也迎来了快速发展的时期。尔湾产业新城的投资开发是在完全市场的主导下完成的，家族企业尔湾公司在其自有的土地上，将这一区域实现了从农场到大学社区再到产业新城的变化。

市场化的运作使尔湾地区的规划建设一直以市场为导向，追求空间的充分利用，明确的功能区分，减少不必要的扩张，并预留足够的发展空间。与北美其他大部分城市呈现出松散特征不同的是，尔湾的城市建设与中国的城市建设理念相似，空间规划相对集中和紧凑。

尔湾于1971年建市，并开始由市政府和尔湾公司共同主导区域的发展。与日本政府在筑波城发展中的绝对主导地位不同，尔湾市政府更多的是提供公共安全、教育和商业配套支持，保持了尔湾生态新城以市场为导向的发展原则，区域发展的规划和决策都源自市场并服务于市场，由此促进了城市的快速发展升级与可持续发展。同时，本着利益最大化、可持续发展的原则，交通、服务设施的完善不但吸引了人口，其自身也实现了较高的利润。

进入到20世纪后期，尔湾产业新城作为大洛杉矶地区快速发展的代表，通过优越的城市“软硬件”配置，逐渐吸引了众多的中小型科技企业以及企业总部聚集于此。有别于日本筑波单一的产业结构，尔湾多元的产业布局是其能够成功抵御20世纪90年代美国高科技泡沫破灭冲击的原因所在。

与政府主导模式相比，纯市场主导的机制下政府的宏观把控能力相对

较弱，除了私人资本的要求较高以外，还存在以下一些弊端：首先，尔湾公司作为一家传统的房地产开发商，其最终目的还是以尽可能高的价格出售土地或租赁物业，公共属性相对难以保障，并最终反映为高昂的租赁与购置成本等；其次，尔湾公司在 1980 被全资收购后，才确定了目前的发展思路，政府在城市规划上的弱势存在一定的潜在风险，容易因为私人企业囿于个体私利和短视的决策而导致城市的无序发展与不确定性。

三、“PPP + 产业新城”模式的初次尝试——伦敦道克兰

20 世纪 70 年代，全球经济调整对西方国家的经济、尤其是制造业造成了较大的冲击。伦敦作为英格兰最大的制造业中心之一，正经历着快速的衰退，其中受冲击最大的地区是位于伦敦中心区东部的道克兰港区。但当时的英国政府无力进行大规模的投入，加上经济衰退更使得政府财政雪上加霜。从 20 世纪 80 年代起，英国、美国等国家实行引入私人部门积极参与为核心内容的公共服务供给的市场化改革。英国撒切尔内阁和美国里根政府通过积极引入私人部门参与公共项目建设运营，同时将公私合作模式运用于公共政策领域，并出台了一系列的政策，试图最大化私人投资，由此极大地促进了公私合作伙伴关系的发展。

为改善道克兰区域基础设施、进行产业升级、缓解当时较为严峻的社会问题，英国政府根据 1980 年制定的《地方政府规划与土地法》，牵头组成了半官方性质的伦敦道克兰开发公司（LDDC）。该公司利用处置土地发展住宅、工业和商业物业所获得的收益以及政府拨款滚动发展，在道克兰完成了大多数项目后，从 1994 年 10 月开始，分阶段从该区域撤出。1998 年 3 月，皇家码头项目全面竣工，LDDC 撤出改造后的码头区，并将公司解散。

LDDC 在存续的 18 年当中，负责伦敦纽汉区、陶尔哈姆莱茨区和萨瑟克区的开发，并帮助创建了金丝雀码头、萨里码头购物中心、伦敦城市机场等标志性项目。尽管最初的开发方式遭到了当地议会和居民的反对和质疑，但通过矫正市场失灵、创造良好的环境、建设交通基础设施、改进基础设施与公共服务质量，引导私人资本进行投资，通过 18.6 亿英镑的公共资金吸引了 72 亿英镑的私人投资，如今被普遍认为是一个成功的项目，也

是首次“PPP+产业新城”模式的尝试。①

LDDC成立初期，由于受法律约束，无法为住宅、商业、工业等开发项目直接融资，因此只能通过与私人资本合作，由LDDC对开发项目进行包装推广，再由私人资本出面进行融资。由于过于迎合市场短期需求、保护和扩大私人资本的利益，LDDC采取了一种近乎无限制的开发思想，让市场来主导前期的开发过程，认为整体的经济复兴将会让当地居民受益，因此，在开发过程中忽视了当地居民的利益，也缺少与地方政府的合作。这具体体现为过量的办公功能被规划和实施，辅助功能和基础设施不足和滞后，同时，私人住宅的比例过高导致房价快速上涨。特别是1992年金丝雀码头开发完成以后，一半以上的办公面积未出租出去，加之西方房地产泡沫的影响，其开发商奥林匹亚与约克公司宣布破产。这在意味着道克兰区城市开发在经济上失败的同时，证明了这样一个事实：即过度市场化的开发方式在实现公共属性上有很大的局限性。

正是在这种压力下，LDDC更注重与地区政府合作，以人为本，重点改善地方教育、医疗、公共设施以及社会住宅等基础设施与公共服务质量，使公共部门、私人以及非政府机构的合作模式得到了更多人的认同。随着西方房地产业的复苏，道克兰也走上了快速发展的道路，形成了伦敦新金融中心，由此带动了整个区域的复兴。

1998年3月，LDDC将所有开发地段都交回给了当地区政府，并宣告解体。在道克兰地区，三个区的政府重新获得了自己的规划批准权，它们继续通过竞争，吸引私人投资以及非政府组织的合作，形成战略性的规划，不仅当地居民可以参与这种公私合作模式之中，而且也可以由此申请中央政府的专项经费。

伴随着成功与失败的整个道克兰的历史发展过程，反映了不同阶段中整体与局部利益的不同侧重，以及相应的不同规划策略。

四、“PPP+产业新城”模式的前身——深圳蛇口

20世纪80年代，伴随着全球化进程的加速推进，国际制造业资本开

① 杨滔. 大规模城市更新中整体与局部的互动——伦敦道克兰区案例［J］. 北京规划建设，2009（3）：109-112.

始向中国东南沿海地区流动，形成了大范围的产业转移。得益于我国改革开放与中央正确的战略决策，以蛇口工业区为代表的区域发展战略的实施，促使我国的东南沿海地区成为这一时期世界上最具活力、工业化与城镇化发展最快速的地区。

1979 年，在党的十一届三中全会确定的“以经济建设为中心，实行改革开放”背景下，蛇口工业区的建立担负起了“社会主义市场经济运作的机制”第一块试验田。

蛇口工业区是中国第一个外向型经济开发区，之所以定义为“PPP + 产业新城”模式的前身，首先是因为蛇口工业区是由招商局全资建设，其被赋予探索经济体制变革先锋的角色，正好与如今 PPP 模式所强调的改制、治理效能不谋而合；其次是蛇口工业区分范围在建设之初就已经超过了后来“园区”的概念，与现在的“产业新城”更为贴合；最后是因为在改革开放初期，蛇口工业区的基础设施、公共服务水平都非常落后，蛇口工业区尽管有港口这一关键属性赋能，但走的也是通过产业发展带动基础设施建设和公共服务水平提升的城市打造之路。

招商局作为中国第一家轮船运输企业，在建设、开发蛇口工业区的 40 年中，“港口”始终是最为关键的属性。同时，改革开放初期极其低廉的价格水平、人力和土地成本等经济发展关键要素的价格优势、巨大的出口需求以及政策优势一起，极大地促进了蛇口工业区的发展，也逐步演化出了 PPC 模式，即港口（port）、中区（park）和后城（city），其核心强调的也是产城融合。

港口是蛇口工业区初期建设的主要内容。初期的蛇口主要定位于以外资（港资）企业为主的低端制造业加工基地，为了满足原材料和产品的进出需要，招商局的绝大部分投资都投向了港口，也因此诞生了我国最大且由企业投资运营管理的邮轮母港。

随着港口的建成，结合特有的政策倾斜，蛇口工业区中区的快速发展就成了顺理成章的事情。中区在 PPC 模式中定位为产业的聚集地，是以产兴城的关键。经过 40 年的发展，蛇口工业区的产业构成也经历从低端到高端的多次转型，为全国很多园区、新城的产业发展提供了非常好的实践经验。

后城的兴起是蛇口工业区不断转型、探索的结果。20 世纪 90 年代，我国改革开放局面已初步形成，蛇口工业区的政策优势不再明显，因此面临着产业的升级、转型。后城作为承接高端人才的生活与服务配套区越来越受重视。通过升级基础设施水平、提升公共服务质量，从而提升整个区域的硬件、软件水平。

总的来说，蛇口工业区探索出来的 PPC 模式是港口先行、产业发展跟进、配套功能开发的思路，这也为我国 242 个沿海区县提供了非常好的借鉴样本，比如拥有 28 公里自然岸线的漳州，就借助蛇口 PPC 模式得到了非常好的发展。[①] 但这一模式所强调的“港口先行”，恰恰也使得其在更需要发展的内陆县级经济体无用武之地。港口为中区的产业聚集“引流”，极大地降低了招商引资的难度，甚至也降低了对基础设施和公共服务水平的要求。而对于缺少港口这一天然属性的县域经济体，重投入却在短期内少有回报的基础设施建设和公共服务质量的提升，需要与产业导入同步，甚至前置于产业的导入。

五、“PPP + 产业新城”模式在我国的探索——上海张江

在蛇口工业区经过十几年的发展后，在邓小平南方谈话的背景下，国务院提出了“以外资为主、以工业为主、以出口为主，并致力于发展高新技术产业”的发展方向，我国的工业化与城镇化战略逐渐在更多内陆地区实施。但工业发展在为经济注入动力的同时，也暴露出因为“工业化与城镇化的脱钩”而产生的很多问题。对于大多数地方政府而言，推进工业化和城镇化同步发展受巨大的资金缺口和管理能力的不足掣肘。

20 世纪 90 年代末，为解决片区开发建设资金和运营管理问题，在打破传统的行政化管理手段、有效体现政府的宏观指导与政策扶持、激发市场化运营潜力的同时，张江技创区在开发建设过程中，提出了“政策引导，企业建设，政府租用，创业者受益”的 BOO（building-owning-operation）模式，在高科技创新基地的市场发展和规范管理方式上率先做出了探索。

① 资料来源：《中国海洋统计年鉴 2019》。

张江技创区 BOO 模式的核心条款包括以下三个方面：一是拟合作年限 20 年，即 1999 ~ 2018 年，其中包含 3 年建设期；二是社会资本负责经营管理张江技创区，与新区政府合作进行产业导入与科创孵化；三是政府按约定的固定价格向社会资本支付租金，平均每年支付的租金相当于估算总投资额的 7%。

上海当时的全市地方财政收入仅为 431.8 亿元，而固定资产投资需求高达 1852 亿元。面对超过 6 亿元的初期基础设施建设投资，张江技创区通过社会资本的引入，如期完成了初期基础设施建设与房地产开发工作，并在其后的 20 年内，以年均不到 5000 万元的支出，于 2018 年实现了以下目标：规模以上工业总产值 3007.9 亿元、税收收入 343.32 亿元、一般公共预算收入 84.65 亿元，园区有跨国公司地区总部 49 家，占上海市（625 家）7.8%，占浦东新区（281 家）17.4%。[①]

合理的收益分配和相应的融资方式支持是必要的保障。社会资本除了获得直接经营收入和可经营的科技地产产权外，还可以获得政府年均约 5000 万元的固定租金收入。在 1999 ~ 2001 年这两年多的时间内，浦东新区政府支付的租金约占总投资的 40%，较好地匹配了区域建设的资金需求进度，一定程度上减轻了社会资本在建设初期所面临的资金支出压力。[②]同时，前 10 年租金支付基本可以覆盖项目贷款本息，这源自浦东新区政府对该项目融资的直接支持，为项目成功融资奠定了基础，是 PPP 项目融资结构的创新。

张江技创区建设用地利用了张江高科所拥有的尚未开发的土地资源，一方面解决了政府 PPP 项目土地资源的来源问题；另一方面也解决了张江高科土地开发利用的问题。由拥有土地的社会资本提供建设用地、政府在规划等方面予以适当调整，共同解决开发土地利用水平不高的问题，提高土地的使用效益，为解决浦东新区土地集约化问题提供了一个解决方案，与上海后期实施的“退二进三”等集约土地利用政策类似。

① 资料来源：程子彦．张江高科：成功利用 PPP 模式开发建设高新园区［J］．中国经济周刊，2016（31）：38 - 39；上海市浦东新区政府官网。

② 程子彦．张江高科：成功利用 PPP 模式开发建设高新园区［J］．中国经济周刊，2016（31）：38 - 39.

张江技创区实现了规划之初设立的建立国家生物医药产业和国家软件产业的创业基地的运营目标，引导科技产业集聚、创新创业功能辐射效果显著，也被越来越多的新建项目效仿和学习。运用BOO模式推进的张江技创区无疑与“PPP+产业新城”模式更为贴近，其20年的运营经验可以提供很好的借鉴意义。但需要指出的是，张江技创区模式的推广也存在以下两个方面的局限性。

第一，张江技创区独特的区位优势，使其基本不具备被复制的可能。张江技创区所处的上海浦东新区，作为中国改革开放的“桥头堡”，汇聚了各个方面的优势资源。其飞速发展在很大程度上得益于改革开放所释放的红利。因此，不能把张江BOO模式的成功完全归功于社会资本潜力的被激发。

第二，广泛存在的县级区域所表现出的发展需求与“桥头堡”有着根本的不同。浦东新区等享受政策倾斜与大量改革红利的“桥头堡”不同，大部分县级城市正是因为政策、资源投入等原因，发展相对滞后，尤其是基础设施的落后与公共服务供给的缺乏。这一点可以从建设投入上反映出来，张江技创区的初期建设投入仅6亿元，而目前产业新城PPP项目建设投入很多都超过了百亿元。[①] 即便是张江技创区，也存在白天“堵城”，夜晚“空城”的情况，这种问题在县级城市只会更加凸显。如果不加限制地盲目发展，出现白天“空城”的窘境也不是完全不可能。

六、中国“PPP+产业新城”的模式典范——河北固安

1. 中国近年来“PPP+产业新城”模式发展背景

亚洲金融危机之后的新一轮经济发展热潮和城镇化进程的快速推进，催生了地方投融资平台公司数量的不断增加，业务范围和融资方式日益多元化。融资平台公司通过“银政合作”和“捆包贷款”等形式获得政策性贷款，用以满足区域内基础设施建设等需要，并以财政预算或专项资金、政府性基金收入等作为偿债来源。为应对2008年国际金融危机产生的负面

① 资料来源：程子彦. 张江高科：成功利用PPP模式开发建设高新园区［J］. 中国经济周刊，2016（31）：38-39；财政部全国PPP综合信息平台。

影响，我国推出“四万亿元”投资计划（地方政府配套 2.82 万亿元），融资平台成为各级地方政府补缺口、保增长的有效手段。尽管 1999 年的张江技创区属于地方融资平台作为社会资本方参与的 PPP 模式的成功案例，但张江技创区独特的区位优势并不适用于大多数地区。同时，随着融资平台举债规模的迅速扩大，风险也日益凸显，以融资平台为举债主体的地方政府负有偿还责任的债务占比较高，隐性债务风险凸显。

随着 2014 ~ 2017 年的一系列强监管文件的出台，截至 2018 年末，全国政府债务的负债率为 37.1%，大大低于欧盟 60% 的警戒线，也低于主要市场经济国家和新兴市场国家的债务风险水平。[①] 尽管如此，稳就业、稳金融、稳外贸、稳外资、稳投资、稳预期，严控债务性风险，引导民间资本投资仍然是目前经济工作的重点。

在融资渠道收紧的同时，我国城镇化进程也进入了关键时刻。在坚持供给侧改革的背景下，县域经济的发展越来越受到关注，大型产业园也谋求转型升级。但县级城市微薄的财政收入、落后的基础设施水平，或是传统产业园的“产业与城镇化脱离”，都造成了资金、人口导入、产业落地等问题。

强调“以人为本、产城融合”的产业新城对地方政府提出了极高的要求，这就需要全面贯彻新的发展观念，由高速发展转向高质量发展，改变开发区泛滥、产业结构技术水平低、地方招商政策乱用、无序竞争等历史问题，回归到经济改革的核心要求——“使市场在资源配置中起决定性作用，更好发挥政府作用”上来。国内外的经验表明，积极倡导地方政府与社会资本进行合作，能够科学地解决地方政府作为单一的基础设施建设者或公共服务提供商所面临的负债问题及效率低下的问题。

产业运营能力也已经成为产业新城运营商核心能力的体现，在产业新城的营造中，对产业的洞察、选择、规划、创新等已经是最重要的组成部分，并前置于和贯穿于每一个产业新城营造的全生命周期。除了明确的产业属性外，产业新城还具有鲜明的公共属性——决定产业新城本质的重要

① 资料来源：2018 年财政收支情况新闻发布会文字实录［EB/OL］. 财政部，2019 - 1 - 23，http：//www. mof. gov. cn/zhengwuxinxi/caizhengxinwen/201901/t20190123_3131193. htm.

因素除了产业的集聚和发展外，产业新城内部的基于城市可持续发展的基础设施建设、社会治理完善、公共服务配套、营商环境优化、城市文化构建，甚至生态环境治理和乡村振兴实践等，也是其最重要的内容，从长期来看，也是决定一个产业新城发展水平和质量的最重要和最直接的体现。产业新城的发展要兼顾产业属性和公共属性，这与PPP模式的内涵非常契合，政府和社会资本在目标和效率上的不同使双方在基础设施和公共物品领域的合作存在客观必然性，这也使“PPP＋产业新城”模式的发展成为必然，并诞生了以固安产业新城为代表的中国特色产业新城PPP项目。

2. 河北固安产业新城

河北固安产业新城的诞生可以追溯至2002年，如前面所述，它试图解决的是工业产业园区拉动的经济高速增长所带的产业化与城镇化脱钩的问题。河北固安产业新城采用“设计—建设—融资—运营—移交（DBFOT）＋政府付费”的具体运作方式，由当地政府和华夏幸福合作设立项目公司，承担产业新城设计、建设、产业发展服务、运营、维护和移交等职责。这种以PPP模式为核心，强调产业发展，由政府主导、社会资本参与新城开发全部环节的合作方式可以被认为是中国“PPP＋产业新城”模式典范。

合同期内，项目公司负责产业新城的运营和维护，政府则是通过向项目公司支付服务费等方式购买委托区域内的开发运营服务。政府付费金额上限不超过合作区域新增财政收入企业应享有的部分，包括建设服务费、土地整理投资费用、产业发展服务费用、规划设计和咨询等服务费、运营维护服务费等。项目通过建立绩效考核和动态调整机制进行全生命周期的绩效考核，具体包括三方面内容。一是建设工程可用性考核验收标准：对设计标准、施工标准、验收标准、安全生产要求、环境保护要求等做出具体规定。二是运营维护绩效考核标准体系：项目公司负责编制项目运营维护方案并交政府方审核通过，项目公司应严格遵守维护方案，其最终提供的公共服务质量会成为支付对价的重要依据。三是奖励激励机制：若项目公司在节约成本、引入优质企业、招商引资等方面取得实效时，对项目公司进行奖励，不断提升产业新城的招商口碑和服务品质。合同期满后，项目公司将基础设施和公共服务类资产及相关权利完整无偿地移交给政府或政府指定机构。

固安县在开发之初的产业发展和管理水平代表了大多数有开发需求的县域经济体，主要体现在：一是固安县作为一个农业县，传统结构单一、过度竞争、劳动密集的产业难以跟上中国在产业链全球化进程中的角色变化，因此难以产生产业聚集效应，无法吸引人口的流入；二是固安县已有基础设施和公共服务水平较低，政务微薄的财政收入无法使区域基础设施和公共服务水平在短期内发生根本性改善，愈发加重了产业升级、聚集和吸引人口的难度；三是县级行政机关能力的欠缺，使得产业布局不具备前瞻性且效率较低。

经过 16 年的建设，固安已形成新型显示、航空航天、生物制药、智能网联汽车等产业集群。可以说，通过设置合理的激励机制，固安通过 PPP 模式极大地提高了产业发展的质量和效率，为我国广泛存在的县域经济体提供了很好的借鉴。国内外代表性产业新城案例的对比如表 3－1 所示。

表 3－1　国内外代表性产业新城案例对比

项目	日本筑波	加州尔湾	伦敦道克兰	深圳蛇口	上海张江	河北固安
形成机制	筑波科技城建设的初衷是为了以建造卫星城的方式分散东京日益猛增的人口，转移部分城市职能	尔湾产业新城从大学配套社区发展而来，其作为洛杉矶大都市圈的一部分，承接人口的外溢，分担部分城市职能	伦敦道克兰产业新城为了改善道克兰基础设施进行产业升级，缓解当时区域衰败所产生的较为严峻的社会问题	深圳蛇口在“以经济建设为中心，实行改革开放”背景下，担负起了“社会主义市场经济运作机制”第一块试验田的重任	张江技创区的成立，旨在通过提升科技创新与成果转化能力，同时解决资金和运营难题，最终推动区域经济发展	河北固安产业新城的发展是结合现阶段中国经济发展特点，对县域经济发展新模式的探索，以创新推动河北县域“新四化”发展
组织结构	筑波科学城受中央政府直接管理，位于筑波科学城的机构也由位于东京的总部进行垂直管理，地方政府仅有很少的控制权	尔湾产业新城的早期规划和开发完全由私人企业主导，尔湾市政府于 1971 年才成立，并主要为区域开发提供支持和保障	伦敦道克兰产业新城前期由政府牵头，借助于公私合作，吸引社会资本参与区域内开发项目投资	蛇口工业区由招商局全资建设、管理、运用，并于 1987 年实行公司制，成立蛇口工业区有限公司	地方政府作为项目发起方与实施机构，通过 BOO 模式，选定张江高科作为社会资本方，负责开发、建设和运营，并提供土地	固安产业新城采用“政府主导，企业运作”的 PPP 市场化运作模式

续表

项目	日本筑波	加州尔湾	伦敦道克兰	深圳蛇口	上海张江	河北固安
政府的角色	筑波科技城完全由中央政府开发与管理，从规划、审批、选址到科研等整个过程和运行完全是政府决策	尔湾市政府更多的是提供公共安全、教育和商业配套支持，并出台配套政策促进区域的发展	中央牵头组成的半官方性质的伦敦道克兰开发公司负责区域开发与管理，其他公共职能由地区政府承担	政府给予较大的政策倾斜，并赋予企业较大的自主权	政府进行必要的监管，按照规划，向社会资本方提出标准与要求，明确目标并进行考核，同时按照协议享受相关权利	地方政府主要负责主导重大决策、组织制定规划、确定标准规范和提供政策支持
社会资本的角色	筑波科技城建设初期，私人机构和企业被限制发展	尔湾公司主导区域内规划和开发，通过捐赠提供公共用地，通过出让土地获取收益并投资	私人资本主要以投资者的角色参与区域具体开发项目的建设与管理	招商局自筹资金，独立开发、建设、运营和管理	张江高科作为社会资本方，负责配套用房、市政设施的建设，并经营、管理张江技创区	华夏幸福作为社会资本方，负责规划设计、土地整理、基础设施和公共设施的建设和运营，以及产业的引入、运营和发展
商业模式	主要依靠中央政府拨款，以基础科学研究为主	尔湾公司收入包括出让土地与物业租赁、管理收益	开发公司收入包括：处置土地发展住宅、工业和商业物业所得收益；中央政府拨款	蛇口工业区的主要收入包括三个板块：邮轮产业建设与运营业务、园区开发与运营业务、社区开发与运营业务	张江高科收入包括：园区开发与运营收益；产业投资所得；基础服务收益；政府拨付的固定租金收入	华夏幸福收入包括园区建设运营服务费和产业综合发展服务费

第二节 “PPP + 产业新城”在我国的发展现状

一、城镇综合开发行业 PPP 项目的现状

截至2019年12月20日，全国PPP综合信息平台项目管理库（以下简称“管理库”）已发布了19个一级行业共9000余个项目的信息。其中，城镇综合开发类PPP项目共603个，占管理库9249个项目的6.52%，项目数量较2017年增加了186个，项目数占比提高了0.7个百分点；总投资额1.95万亿元，占管理库投资总额14.1万亿元的13.83%，总投资额位

列所有 19 个行业第三位，较 2017 年增加了 8135 亿元，投资额占比增加了 3.3 个百分点。其中，落地项目数量 401 个，落地率 66.5%，略高于管理库 65.3% 的整体落地率，落地项目数量较 2017 年增加了 28.4 个百分点，落地项目投资额共计 1.44 万亿元，占管理库落地项目总投资额的 15.7%，落地项目投资额较 2017 年增加了 9475 亿元。①

如图 3－1 所示，从区域分布来看，江苏、安徽、四川、山东、湖南五省的项目数明显高于其他省份，合计 242 个项目，占总体数量的 40.1%；江苏、浙江、河北、湖北四省累计投资额明显高于其他省份，合计 8376 亿元，占总体投资额的 42.95%。其中，安徽、山东、湖南、江西等省份项目数量较多、投资总量较小，可以认为该区域城镇综合开发仍然以产业园、特色小镇等小范围的片区开发，以及区域内基础设施或配套设施的建设为主。相反，河北、湖北等省份的项目数量较少、投资总量较大，则可以反映出该区域城镇综合开发以大范围、综合性的片区开发为主。与 2017 年相比，项目数量增加最多的三个省份为江西、江苏和安徽，分别增加了 29 个、25 个和 23 个，投资额增幅最大的三个省份为河北、江苏和广东，分别增加了 1198 亿元、1050 亿元和 1013 亿元。

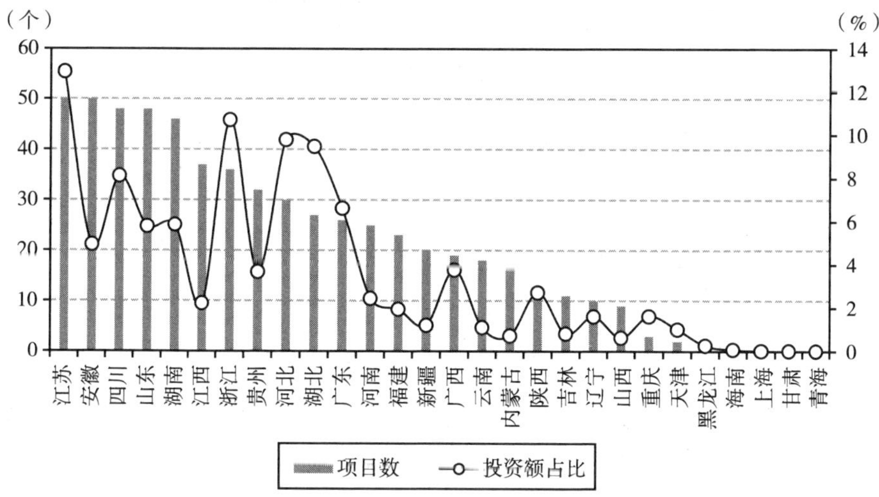

图 3－1　分省份城镇综合开发 PPP 项目数量与投资额占比

资料来源：财政部全国 PPP 综合信息平台项目管理库。

① 资料来源：财政部全国 PPP 综合信息平台项目管理库。

如图3－2所示，从回报机制来看，使用可行性缺口补助的项目占多数，共455个，占比75.5%，政府付费的项目133个，占比22.1%，使用者付费的项目15个占比2.5%。与2017年相比，政府付费与使用者付费的项目分别减少了7个和53个，但使用可行性缺口补助的项目增加了246个。同时，在603个城镇综合开发PPP项目中，仅有6个项目由社会资本发起，且全部采用可行性缺口补助作为回报机制，可以认为，政府对于采用PPP模式推动区域内的产业发展有着非常强烈的需求，但由于投资金额巨大，无论是政府方还是社会资本方，都越来越看重PPP项目的经营属性，且随着一系列国家政策的落地，市场的作用愈发凸显，营商环境不断改善，可行性缺口补助仍将是这类PPP项目的主流回报机制。

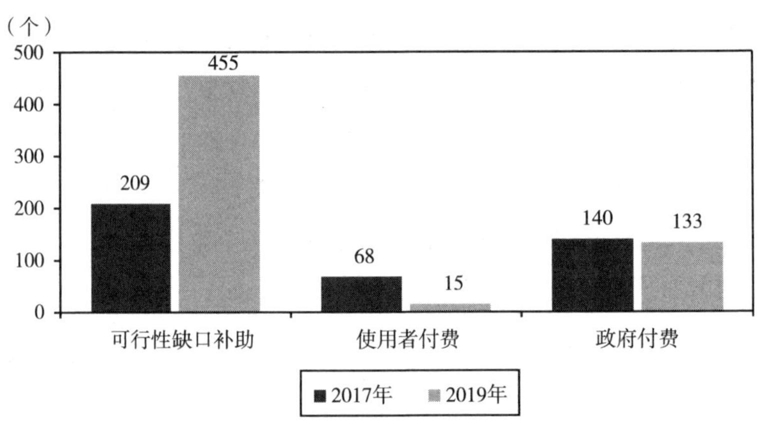

图3－2　城镇综合开发PPP项目回报机制的变化

资料来源：财政部全国PPP综合信息平台项目管理库。

二、产业新城PPP项目现状

城镇综合开发一级行业包括园区开发、城镇综合开发、城镇化建设、厂房建设和其他五类二级行业。按照这种传统的分类方式，大部分“产业新城”类项目属于园区开发行业，但园区开发行业中还包括大量纯区域内基础设施建设与公共服务提供的项目、结构单一的产业园项目、特色小镇项目，并不符合本书对“产业新城”的定义。鉴于此，课题组在查阅了603个项目的实施方案或关于实施方案的批复后，识别出了管理库中的59个产业新城PPP项目，详细项目信息如表3－2所示。

表 3－2　全国 PPP 综合信息平台项目管理库产业新城 PPP 项目

项目名称	国家示范项目批次	总投资（亿元）	拟合作期限（年）	运作模式	回报机制	项目阶段	机构名称	公司性质
湖州市南浔区产业新城项目	第四批次	450.00	35	BOT	可行性缺口补助	执行阶段	华夏幸福基业股份有限公司	民营独资
黄冈市团风县产业新城项目	第四批次	191.00	30	复合模式	可行性缺口补助	执行阶段	华夏幸福基业股份有限公司	民营独资
郑州市新郑市产业新城项目	第四批次	185.52	40	复合模式	政府付费	执行阶段	华夏幸福基业股份有限公司	民营独资
保定市易县经济开发区项目	第三批次	319.00	50	BOT	政府付费	执行阶段	东旭集团有限公司	民营控股
南京市溧水区产业新城项目	第三批次	100.00	20	BOT	政府付费	执行阶段	华夏幸福基业股份有限公司	民营控股
廊坊市固安县固安高新区综合开发项目	第三批次	83.41	30	DBFOT	政府付费	执行阶段	华夏幸福基业股份有限公司	民营独资
眉山市东坡区眉山田园型智能产业新城项目	第三批次	43.09	20	BOT	可行性缺口补助	执行阶段	华宇金控资本控股有限公司	国有控股
沧州市高新区产业新城项目	第三批次	7.14	15	BOT	可行性缺口补助	执行阶段	北京北航科技园有限公司	国有独资
资阳市天府国际机场资阳临空经济区产业新城项目		490.62	20	BOT	可行性缺口补助	执行阶段	中信建设有限责任公司	港澳台独资
武汉市新洲区国家航天产业基地建设项目		452.07	30	复合模式	可行性缺口补助	执行阶段	华夏幸福基业股份有限公司	民营独资
武汉市黄陂区前川产业新城项目		260.00	28	复合模式	可行性缺口补助	执行阶段	华夏幸福基业股份有限公司	民营独资
建德市高铁新区项目		240.00	30	BOT	可行性缺口补助	执行阶段	北京北控置业集团有限公司	国有独资
成都市简州新城城市综合开发运营项目		199.96	30	DBFOT	可行性缺口补助	执行阶段	中交投资有限公司	国有控股
武汉市新洲区问津产业新城项目		199.19	30	复合模式	政府付费	执行阶段	华夏幸福基业股份有限公司	民营独资
肇庆市高要区西江国际未来科技城项目		194.41	30	DBFOT	可行性缺口补助	执行阶段	中铁建设投资集团有限公司	国有独资
嘉兴市科技城产业新城项目		188.98	18	复合模式	可行性缺口补助	执行阶段	华夏幸福基业股份有限公司	民营控股
南京市鼓楼区铁北片区城中村改造更新及产业发展项目		182.75	20	BOT	可行性缺口补助	执行阶段	中国建筑第八工程局有限公司	国有独资
咸阳市泾阳产业新城项目		158.57	30	BOT	可行性缺口补助	执行阶段	华夏幸福基业股份有限公司	民营控股
石家庄市藁城区产业市镇片区开发项目		154.30	30	BOT	可行性缺口补助	执行阶段	中国宏泰产业市镇发展有限公司	其他

续表

项目名称	国家示范项目批次	总投资（亿元）	拟合作期限（年）	运作模式	回报机制	项目阶段	机构名称	公司性质
合肥市长丰产业新城项目		146.93	25	复合模式	可行性缺口补助	执行阶段	华夏幸福基业股份有限公司	民营控股
中山市产业平台（民众园）综合开发项目		146.29	20	复合模式	可行性缺口补助	执行阶段	华夏幸福基业股份有限公司	民营控股
湖州市德清县雷甸产业新城项目		143.10	18	复合模式	可行性缺口补助	执行阶段	华夏幸福基业股份有限公司	民营独资
沈阳市苏家屯区沈水生态科技创新城项目		141.75	24	复合模式	可行性缺口补助	执行阶段	华夏幸福基业股份有限公司	民营独资
株洲市云龙产业新城项目		141.12	25	复合模式	可行性缺口补助	执行阶段	华夏幸福基业股份有限公司	民营控股
合肥市巢湖产业新城项目		140.49	30	复合模式	可行性缺口补助	执行阶段	华夏幸福基业股份有限公司	民营控股
邯郸市丛台区邯郸丛台产业新城项目		140.37	30	复合模式	可行性缺口补助	执行阶段	华夏幸福基业股份有限公司	民营控股
唐山城南经济开发区基础设施及配套设施建设项目		136.74	20	BOT	可行性缺口补助	执行阶段	河北荣盛兴城投资有限责任公司	民营独资
南京市经济技术开发区龙潭产业新城项目		132.71	26	BOT	政府付费	执行阶段	华夏幸福基业股份有限公司	民营控股
安庆市高新区山口片综合开发项目		132.69	15	BOT	可行性缺口补助	执行阶段	中国化学工程股份有限公司	国有独资
咸宁市嘉鱼产业新城项目		132.49	30	复合模式	可行性缺口补助	执行阶段	华夏幸福基业股份有限公司	民营独资
南京市南京经济技术开发区兴智科技城项目		122.60	10	BOT	可行性缺口补助	执行阶段	南京丰盛产业控股集团有限公司	民营独资
西安市长安硬科技产业新城项目		116.59	30	DBFOT	可行性缺口补助	执行阶段	华夏幸福基业股份有限公司	民营独资
南京市江宁区湖熟街道新市镇建设项目		101.80	15	BOT	可行性缺口补助	执行阶段	华夏幸福基业股份有限公司	民营独资
石家庄市行唐县产业新城项目		99.62	30	复合模式	可行性缺口补助	执行阶段	华夏幸福基业股份有限公司	民营控股
南京市高淳经开区北部片区开发项目		99.33	20	BOT	政府付费	执行阶段	华夏幸福基业股份有限公司	民营控股
贵阳市修文县产业新城项目		98.24	35	复合模式	可行性缺口补助	执行阶段	华夏幸福基业股份有限公司	民营控股
清镇市产业新城项目		97.33	35	复合模式	可行性缺口补助	执行阶段	华夏幸福基业股份有限公司	民营控股
绍兴市柯桥区福全产业新城项目		96.65	18	复合模式	可行性缺口补助	执行阶段	华夏幸福基业股份有限公司	民营控股
石家庄市元氏县产业新城项目		94.43	30	复合模式	可行性缺口补助	执行阶段	华夏幸福基业股份有限公司	民营控股

续表

项目名称	国家示范项目批次	总投资（亿元）	拟合作期限（年）	运作模式	回报机制	项目阶段	机构名称	公司性质
临沂市北城新区二期城市综合开发项目		88.08	23	BOT	可行性缺口补助	执行阶段	天元建设集团有限公司	国有独资
株洲市清水塘老工业区产业新城整体开发项目		80.80	25	DBFOT	可行性缺口补助	执行阶段	中交第三航务工程局有限公司	国有控股
杭州市萧山区河上产业新城项目		47.26	18	BOT	可行性缺口补助	执行阶段	华夏幸福基业股份有限公司	民营控股
武汉开发区通航产业综合示范区项目		45.50	25	BOT	政府付费	执行阶段	中国宏泰产业市镇发展有限公司	其他
湘潭市雨湖区雨湖产业新城项目		35.52	18	复合模式	可行性缺口补助	执行阶段	华夏幸福基业股份有限公司	民营控股
遂宁市遂宁经济技术开发区产业新城一期项目		25.26	10	BOT	政府付费	执行阶段	中冶交通工程技术有限责任公司	国有独资
南充市西充产业新城项目		20.58	20	BOT	可行性缺口补助	执行阶段	中交一公局集团有限公司	国有独资
南京市江北新区研创园芯片之城科创基地项目		194.13	17	BOT	可行性缺口补助	采购阶段	中信建设有限责任公司	港澳台独资
秦皇岛市北戴河区产业新城项目		131.27	20	复合模式	可行性缺口补助	采购阶段	华夏幸福基业股份有限公司	民营独资
大连市甘井子区营城子片区新型城镇化建设一期项目		123.30	20	BOT	可行性缺口补助	采购阶段		
济南市长清产业新城项目		86.76	30	BOT	可行性缺口补助	采购阶段		
长沙市长沙高铁西站产业新城一期工程项目		59.27	25	BOT	可行性缺口补助	采购阶段		
衡阳市汽车产业新城项目		46.84	30	复合模式	可行性缺口补助	采购阶段	华夏幸福基业股份有限公司	民营控股
清远市燕湖产业新城项目		190.51	30	BOT	可行性缺口补助	准备阶段		
广西（北流）轻工产业新城一期项目		146.47	30	BOO	可行性缺口补助	准备阶段		
青岛市青岛前湾保税港区青岛自贸产业新城项目		37.13	30	BOT	可行性缺口补助	准备阶段		
珠海市斗门产业新城项目		53.94	30	DBFOT	可行性缺口补助	准备阶段		
鹤山市珠西物流产业新城项目		58.99	30	复合模式	可行性缺口补助	准备阶段		
郑州市郑东新区科学大道科学谷综合开发项目		36.93	15	BOT	可行性缺口补助	准备阶段		
益阳市衡龙新区产业新城项目		35.75	30	复合模式	可行性缺口补助	准备阶段		

资料来源：全国 PPP 综合信息平台项目管理库。

截至2019年9月，产业新城PPP项目共59个，占城镇综合开发603个项目中的9.8%，总投资额8166亿元，占城镇综合开发类项目投资总额1.95万亿元的41.9%。其中，落地项目数量46个，落地率78%，远高于城镇综合开发类项目66.5%的落地率以及管理库65.3%的整体落地率，落地项目投资额共计6947亿元，占城镇综合开发类落地项目总投资额的48.2%。

1. 区域应用概况

如图3-3所示，从区域分布来看，全国目前共有14个省份运用PPP模式推进产业新城的发展。其中，河北的项目数量最多，达到了9个，湖北、河北、浙江的投资额最多，合计达到了3612亿元。

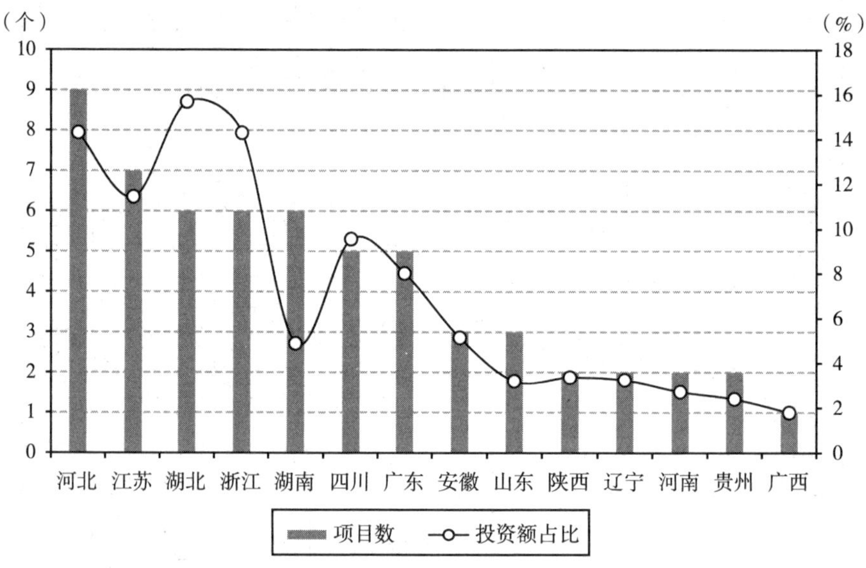

图3-3 分省份产业新城PPP项目数量与投资额占比

资料来源：财政部全国PPP综合信息平台项目管理库。

具体到县域而言，处于经济发展头部的百强县，由于确立了自身的强势产业，城乡一体化和基础设施建设已经比较完善，因此，对于“PPP+产业新城”模式的区域综合开发需求不大，全国仅有浙江省湖州市德清县一例产业新城PPP项目，投资额143.1亿元。

处于中部的共计1301个一般县是我国县域经济的主要组成部分。由于产业结构和城市基础设施有待完善、缺乏政策扶持、政策优惠等，已有 56 个产业新城 PPP 项目入库。

处于尾部的 481 个贫困县（自治县）①，由于较大的政策扶持力度，县域经济将主要采取政府主导型开发模式，同时由于众多“先天因素”的不足，在这些区域进行规模大、周期长的区域综合开发有着非常高的门槛，社会资本鲜有涉足。目前 22 个仍然存在贫困县的省份中，只有贵州、陕西、广西、安徽、湖北、四川、湖南、河南、河北落地了产业新城 PPP 项目，其中贫困县占比最高的 10 个省份中，仅贵州和陕西落地 4 个产业新城 PPP 项目（见图 3－4）。

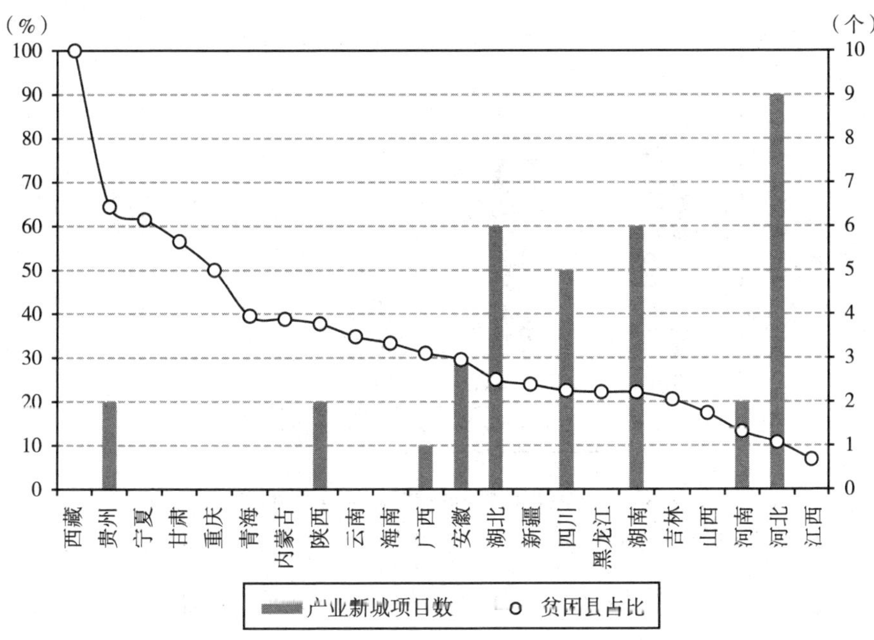

图 3－4　分省份贫困县产业新城项目数量与贫困县数量占比

资料来源：财政部全国 PPP 综合信息平台项目管理库。

具体到县级区域，河北省保定市易县经济开发区 PPP 项目和湖北省黄冈市团风县产业新城 PPP 项目是仅有 2 个落地在贫困县的产业新城 PPP 项目，但易县和团风县分别于 2018 年 9 月和 2019 年 4 月“摘帽脱贫”。

① 数据截至 2019 年 5 月。

2. 合作模式概况

如图3－5所示，从项目运作模式来看，28个项目采取了BOT模式，6个项目采取了DBFOT模式，1个项目采取了BOO模式。此外，面对区域综合开发的复杂性，有24个项目采取了多种模式相结合的模式，并且按照子项目的具体情况，适时采取包括BOT、ROT、DBFOT、BOO等在内的多种PPP模式。BOT模式占比较高反映出这些产业新城PPP项目所在区域的基础设施较为薄弱。因此，在规划、发展产业的同时，还需要对区域内基础设施建设进行较大的投入。

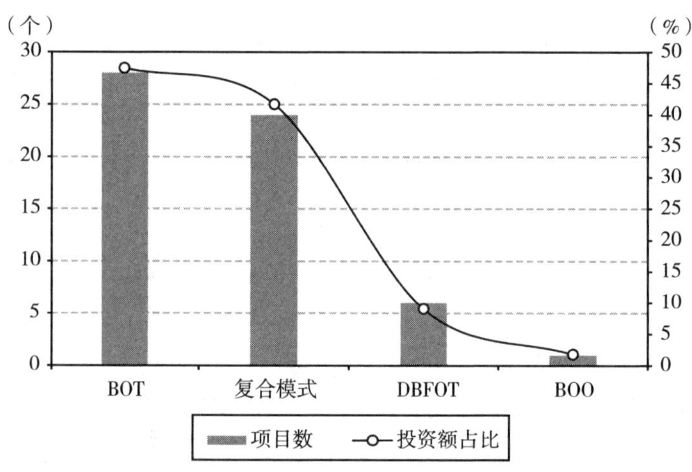

图3－5 “PPP＋产业新城”模式运作模式概况

资料来源：财政部全国PPP综合信息平台项目管理库。

如图3－6所示，从拟合作期限来看，绝大多数的产业新城PPP项目合作期限介于20～39年，且合作期限介于30～39年的项目数和投资额的占比都最高，远超其他行业，体现出了产业新城PPP项目的长期性。

如表3－3所示，从社会资本方来看，在已经进入执行阶段的46个产业新城PPP项目中，总投资额6904.28亿元，共有17家牵头社会资本方。其中，5个项目纳入了第三批PPP示范项目，具体地，华夏幸福基业股份有限公司3个，东旭集团有限公司1个，华宇金控资本控股有限公司1个；三个项目纳入了第四批PPP示范项目，牵头社会资本方均为华夏幸福基业股份有限公司。

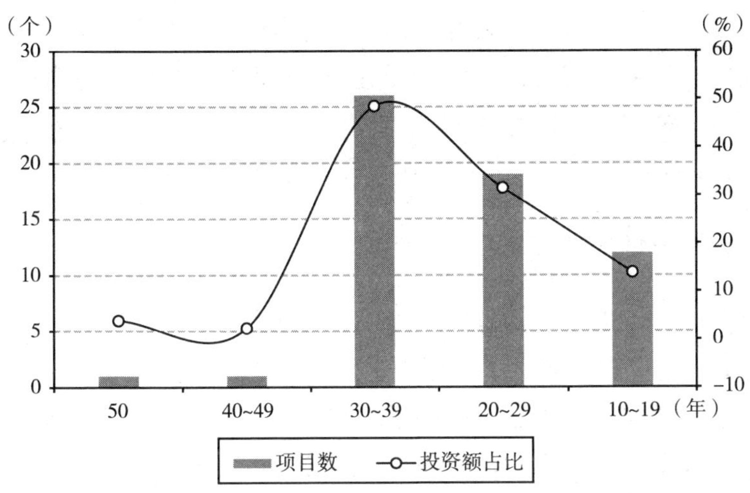

图 3－6　产业新城 PPP 项目合作期限概况

资料来源：财政部全国 PPP 综合信息平台项目管理库。

表 3－3　执行阶段产业新城 PPP 项目社会资本参与情况

机构名称	项目数（个）	总投资（亿元）
华夏幸福基业股份有限公司	29	4420.76
中信建设有限责任公司	1	490.62
东旭集团有限公司	1	319.00
北京北控置业集团有限公司	1	240.00
中交投资有限公司	1	199.96
中国宏泰产业市镇发展有限公司	2	199.80
中铁建设投资集团有限公司	1	194.41
中国建筑第八工程局有限公司	1	182.75
河北荣盛兴城投资有限责任公司	1	136.74
中国化学工程股份有限公司	1	132.69
南京丰盛产业控股集团有限公司	1	122.60
天元建设集团有限公司	1	88.08
中交第三航务工程局有限公司	1	80.80
华宇金控资本控股有限公司	1	43.09
中冶交通工程技术有限责任公司	1	25.26
中交一公局集团有限公司	1	20.58
北京北航科技园有限公司	1	7.14
总计	46	6904.28

资料来源：财政部全国 PPP 综合信息平台项目管理库。

在表3－3中，华夏幸福基业股份有限公司、东旭集团有限公司、河北荣盛兴城投资有限责任公司、南京丰盛产业控股集团有限公司均为民营企业，其中华夏幸福基业股份有限公司作为社会资本方参与的产业新城PPP项目数已经达到了29个，占比63%，投资额4420.76亿元，占比64%。

3. 产业新城PPP项目收入来源概况

产业新城PPP项目收入来源一般分为三个部分，即建设、规划和产业服务。以华夏幸福基业股份有限公司参与的29个项目为例，项目回报包括："土地整理投资、基础设施及公共设施投资建设费用的投资回报""按当年新增落地投资额一定比例计算的产业发展服务费""规划设计、咨询等其他服务等投资回报"。投资额位列第三位的东旭集团有限公司，采取了与华夏幸福类似的回报机制。

投资额位列第二位的中信建设有限责任公司，回报率的要求上略有不同：基础设施建设及公共服务设施建设投资的回报利率（固定利率＋按银行利率上浮）、其他前期费用投资的回报利率（固定利率＋按银行利率上浮）、产业发展服务费（按比例计算＋定额奖励）。

4. 政府付费资金来源

59个产业新城PPP项目全部由政府发起。从回报机制来看，50个产业新城PPP项目使用可行性缺口补助机制，占比84.7%；9个项目使用政府付费机制，占比15.3%；无采用使用者付费机制的产业新城PPP项目。①

政府付费资金的来源为合作区域内新财政收入的地方可留存部分，主要由税收收入、土地使用权出让收入、专项资金和其他非税收入所构成。其中，一般公共预算作为政府付费资金来源（如税收收入和其他非税收入），受《政府和社会资本合作项目财政承受能力论证指引》规定所限制，即每一年度需要从一般公共预算安排的PPP项目支出责任不超过一般公共预算的10%；政府性基金预算作为政府付费资金来源（如土地使用权出让

① 资料来源：财政部全国PPP综合信息平台项目管理库。

收入)，首次由《关于在公共服务领域深入推进政府和社会资本合作工作的通知》明确，即对于政府性基金预算，可在符合政策方向和相关规定的前提下，统筹用于支持 PPP 项目。但随后的《关于推进政府和社会资本合作规范发展的实施意见》中关于“新签约项目不得从政府性基金预算、国有资本经营预算安排 PPP 项目运营补贴支出”的新规定，又进一步收紧了政府性基金预算的使用范围。

第三节 PPP 模式助推产业新城开发的机理

一、产业新城的传统开发模式

在我国，“产业新城”作为在城市主城区之外，以产业发展带动城市建设的新区开发工程，自其出现以来，就沿用着两种主要的开发模式。第一种是在政府的完全主导下，通过服务外包或“交钥匙”的 BT（built - transfer）工程实现“产业新城”的开发建设；第二种是以土地分级利用为标志，由新城政府负责土地一级市场出让，再由获得土地的开发公司依靠市场化手段进行二级市场的开发利用，而政府将不再参与土地二级利用的开发环节。

在完全以政府为主导的开发模式中，地方政府是“产业新城”开发建设的唯一驱动方。通过采取行政化的管理模式，地方政府对新城开发建设实行统一的领导、规划、管理，并组织具体的开发、建设、招商运维等工作。在通常情况下，地方政府将牵头组建新城管委会，并作为一级管理政府在新城的建设中行使开发运维的公权力。在上级政府的支持下，新区管委会通过制定相关产业政策、税收优惠条件等措施招商引资，组织征地拆迁、规划设计、基础设施建设等一系列工程，其中的具体工程服务将在政府的要求下通过服务外包和 BT 模式交由分包商完成。

当前，我国绝大多数的“产业新城”均采取第一种完全政府主导的开发模式，例如北京中关村、北京经济技术开发区、武汉东湖新技术产业开发区、苏州高新区等。即便像上海张江高科技园、天津经济技术开发区、蛇口工业区等新区，虽然采用了国有平台公司主持运营的“裕廊模式”，但其背后的主导力量仍是地区所属政府，无法实现开发建设中政企的完全分离。

第二种传统的“产业新城”开发模式则是以土地转让为标志的“一二级开发运营”模式。在该模式中，当地政府和开发公司通过土地转让的两级循环，形成了两级新区开发运维机制。在该模式的第一级循环中，新区政府通过对原始土地的出让，将“生地”① 变为“毛地”，土地出让资金用以支持基础设施建设；此后，获得土地的产业开发公司通过市场化的开发方式，再将土地转让给其他商户开发利用，将“毛地”变为“熟地”②，在这一过程中，新城的建设和服务功能将完全由市场操作，由众多企业独自控制。在上海浦东新区的开发中，土地开发总量的90%以上均采用了这种“一二级开发运营”模式。

随着“产业新城”建设的深入，无论是纯政府主导的开发分包模式，还是在二级开发中的纯企业主导模式，传统模式所暴露的问题愈发显著。一方面，在政府主导的模式中，由于多层级的行政管理机制，导致新区总体开发成本高，产业引导行政意识强，市场运作严重不足，进而带来严重的低效率。另一方面，政府在产业新城的开发中需要承担巨大的公共支出，一些新城过度减免税收，透支政府财力。还有很多“新城”或产业园区之间同质化竞争严重，投入产出长期难以平衡。而二级土地开发的纯企业主导模式虽然在很大程度上提高了新城开发的效率，在产业导入上也更符合市场需求，但由于多主体企业的分散性与碎片化，使得新区发展的整体性严重不足，难以形成区域优势合力，造成竞争力不足。同时，城市公共服务和配套发展相对滞后，出现城市空间的无序扩张。

综上所述，面对传统“产业新城”开发模式的种种问题，如何平衡政府与市场在新城开发中的作用与定位，使新城的开发兼具政府主导的整体性优势和市场企业开发的高效性，是“产业新城”开发模式需要转变和切

① 生地是指未开发的农地、荒地或城区内附有需拆迁的地上建筑物的土地，也指周边相关生活配套尚未完全到位的地块。

② 熟地主要是指经过征地、拆迁和市政基础设施投入，可直接用于建设的土地；也专指周边相关配套已完全到位，并已经历过多次开发，具有相当成熟度的地块。

换的目标方向。

二、PPP：产业新城供给模式的重大创新

PPP 模式是指政府为增强公共产品和服务供给能力、提高供给效率，通过特许经营、购买服务、股权合作等方式，与社会资本建立的利益共享、风险分担及长期合作关系。作为一种“舶来品”，PPP 模式在我国出现较早[①]，但兴起较晚，直到党的十八届三中全会提出，建立透明规范的城市建设投融资机制，允许地方政府通过发债等多种方式拓宽城市建设融资渠道，建立规范合理的中央和地方政府债务及风险管理预警机制，PPP 在我国才算正式有了明确的发展导向与政策环境。从 2014 年开始，我国正式进入 PPP 发展的加速期。经过多年的发展，当前我国已形成了全球规模最大的 PPP 市场。

作为公共服务供给模式的重要创新，PPP 在逻辑起点上就与传统供给模式存在着显著的不同。

从经济学的视角看，由于公共物品的非竞争性和非排他性特征，价格机制难以反映其价格与需求，加之“搭便车”难题，长期以来公共物品一直由政府实行单一供给。然而，由于竞争和专业化的缺失，政府“单边责任”的模式出现了资源严重浪费、官僚主义盛行、服务质量低劣等一系列弊端，公共选择学派以“政府失灵”概括了政府单边供给公共服务低效率的问题和原因。

既然政府供给无法满足公共服务的效率要求，许多西方国家开始尝试公共服务的完全市场化改革，希冀通过市场手段达到公共品供给的高效率。然而，这一措施也以失败告终。完全市场化改革后，很多国家的公共品供给服务出现了严重的碎片化和空心化问题，以利益最大化为基础目标的企业，根本无法胜任公共服务市场所需的公共性要求。

由于“单边政府”和“单边市场”均无法承担公共服务的有效供给，

---

① 20 世纪 80 年代中期，香港商人将 PPP 概念带入内地，以 BOT 模式开展深圳沙角 B 电厂项目。

因此，以何种模式来兼顾效率与公平的目标，成为各国探寻公共服务供给模式的主要任务。随着实践的发展，越来越多的国家逐渐认识到，公共物品的供给需要摆脱政府与市场非此即彼的思维定式，在政府与市场之间建立一种有效的选择和相互协调机制，根据优化资源配置的经济合理性原则与交易成本的最小化原则选择供应模式。也正是在这样的背景下，PPP 模式的创新与应用由此产生。

作为“政府单边供给”与公共物品“完全市场化”的中间形态，带有半行政化和半市场化特点的 PPP 模式呈现出一些明显的基本特征。

第一，PPP 模式所应用的领域为公共品和准公共品领域，这是判断 PPP 模式的基本标准。从严格意义上讲，PPP 模式应用的领域应称为公共事业，即直接关系到公众利益与社会效用，又具有长期运维和不断升级更新的客观需要，如交通运输、教育、养老、环境治理、市政基建运维、医疗卫生等。对于纯公共品领域，PPP 模式需要通过“政府付费”的方式进行支持；而对于准公共品领域，由于其所提供的商品或服务具有一定的市场属性，兼顾公益性与盈利性，可通过“使用者付费”或“可行性缺口补贴”的方式给予支持。

第二，PPP 模式更加注重对公共服务项目的后期运维，项目长期性和跨期性特征明显。财政部发布的《关于进一步做好政府和社会资本合作项目示范工作的通知》规定，PPP 合作期限原则上不低于 10 年，而通常来说，PPP 项目合同期限一般都在 20～30 年左右。如果政府与社会资本仅在项目建设方面进行合作，则不具有现代意义上的 PPP 模式特征，这也是 PPP 模式与传统政府采购模式，或“建设—移交”（BT）模式的重要区别。

第三，主体多元的平等自主性。与传统单边的供给模式相比，PPP 项目的参与方几乎涵盖了经济社会的各类主体，包括政府、社会居民、企业（民营企业、国有企业或混合所有制企业、外资企业）等直接关联方，也包括金融机构、咨询公司、律师事务所等间接关联方。各主体以资金方、施工方、运营方等身份平等地参与 PPP 项目的开发和运维，在同一个目标下充分发挥各自的优势和自主性，形成公共品服务供给的资源联盟、技术联盟、收益联盟与风险联盟。

第四，PPP 模式的一个重要特征就是其所具备的不完全性。由于信息不对称以及未来长期环境变化的难以预测性等原因，PPP 项目在签订合同时，难以对未来变化作出全部评估，政府与社会资本需要基于高度的合约精神进行不完全契约性的合作。这种信息的不完全性，对合作各方应对风险的灵活变通能力提出了更高的要求。

“产业新城”作为近年来兴起的县域开发模式，以产业落地和园区建设为载体，配套生产型服务和城市配套功能，重在提供高品质的新城基础设施和优质的公共服务，创建优美的安居乐业环境。在 PPP 模式中，政府和企业在开发项目上联合共建，政府拥有土地管理的权利，企业拥有资本和市场化运作的专业性和敏感性。政企双方在产业新城的开发中均有各自利益的契合点，进而可以调动多方主体参与的积极性。在一般情况下，政企双方会通过组建特殊目的公司（SPV）的方式开展新城开发，进而综合了政府主导与市场运作的优点，在新城的开发和运维中实现了政府与社会资本的无缝对接。

作为典型的公共事业，“产业新城”综合了基础设施建设、城镇综合开发、生态环境保护、民生工程配套等多个方面，与 PPP 项目的应用领域紧密契合。“以产兴城”的规划布局需要市场与政府的双重引导，其所具有的基础性、公用性、综合性、长效性、地域性和连带性等特点，更需要以长期平稳运行为目标，并发挥多元主体的比较优势。“产业新城”将随着时间的推移不断永续地发展下去，固定的合同契约或回报承诺，无论是对政府部门还是对社会资本来说，均存在严重隐患。PPP 模式在一定程度上给“产业新城”的利益主体提供了灵活应对风险的空间和调整余地，进而改变了政府或社会资本对传统固定契约的风险锚定。

三、产业新城发展的政策环境

在我国，经济特区和创新工业开发区经过了近 40 年的发展，总体上是在政府的主导和推动下进行的，各级政府起到了非常重要的作用。但随着开发规模的扩大和地方政府所面临的资金和管理效率方面的问题，也催生了一批国有平台作为主体园区的开发案例，如前面提到的上海张江技创区。这些地方融资平台在短期内较好地满足了区域内基础设施建设的需要，但也形成了一定的潜在金融风险。2014年，随着新《中华人民共和国预算法》的实施，《国务院关于加强地方政府性债务管理的意见》明确要求划清地方政府与融资平台公司的界限，政府部门不得通过企事业单位举债。相应地，国务院、财政部和银监会发布了一系列文件，规范地方政府通过企业举债的行为，管控融资平台公司的债务风险。其中，《关于进一步规范地方政府举债融资行为的通知》《关于坚决制止地方以政府购买服务名义违法违规融资的通知》《关于规范金融企业对地方政府和国有企业投融资行为有关问题的通知》等文件，要求有针对性地对国有平台公司进行管控，在很大程度上缓释了地方隐性债务和潜在金融风险。

但与此同时，融资途径的缩紧也使得产业园区和新城的开发初期资金紧缺问题变得十分突出。正是在这样的背景下，从2014年起，新一轮PPP改革得以实施，为社会资本进入产业园区和新城开发创造了途径。然而，PPP模式要得到市场各方参与者的认可也不是一蹴而就的，它需要政策治理、项目规范、金融体制等各方面因素的全面配合。因此，自2014年起，特别是2017以来，一系列强监管文件的出台促使我国PPP由高速增长转向高质量发展。

1. 新一轮改革中PPP的高速增长

从《国务院关于创新重点领域投融资机制鼓励社会投资的指导意见》《财政部关于推广运用政府和社会资本合作模式有关问题的通知》《财政部关于印发政府和社会资本合作模式操作指南（试行）的通知》《国家发改委关于开展政府和社会资本合作的指导意见》等相关文件规定我们可以看到，PPP模式主要适用于基础设施与公共服务领域，尤其是具有市场化程度相对较高、投资规模相对较大、需求长期稳定等特点的项目，同时还提出新建市政工程以及新型城镇化试点项目，应优先考虑采用PPP模式建设。2015年6月，随着国家发展改革委、财政部等六部委联合发布《基础设施和公用事业特许经营管理办法》和《国务院办公厅转发财政部发展改革委人民银行〈关于在公共服务领域推广政府和社会资本合作模式指导意见的通知〉》，国家从政策层面为社会资本进入产业园区开发领域提供了政策支撑。

随后，国务院和有关部门相继发布了一系列文件助推《国家新型城镇化规划（2014—2020 年）》的实施。如《国务院办公厅关于对全国第二次大督查发现的典型经验做法给予表扬的通报》将“将基础设施和公益性设施建设项目以及产业招商等服务项目整体外包”的固安“PPP + 产业新城”模式作为地方工作典型经验做法向全国推广；《关于开展产城融合示范区建设有关工作的通知》强调产城融合发展应包括“优化空间发展布局，推进产城融合发展”“促进产业集聚发展，构建现代产业体系”“加强基础设施建设，提升公共服务水平”“注重生态环境保护建设，促进绿色低碳循环发展”“完善城镇化体制机制，推进城乡发展一体化”五个方面的主要任务；《关于促进具备条件的开发区向城市综合功能区转型的指导意见》指出，要积极引入社会资本，探索开发区将基础设施、公益性基础建设项目及产业招商等服务项目整体外包。这些文件都体现了“加强现有开发区城市功能改造，推动单一生产功能向城市综合功能转型”的要求。

同期，《财政部关于印发〈政府和社会资本合作项目政府采购管理办法〉的通知》《财政部关于印发〈政府和社会资本合作项目财政承受能力论证指引〉的通知》《财政部关于运用政府和社会资本合作模式推进公共租赁住房投资建设和运营管理的通知》《财政部关于印发 PPP 物有所值评价指引（试行）的通知》《财政部关于在公共服务领域深入推进政府和社会资本合作工作的通知》《财政部关于印发〈政府和社会资本合作项目财政管理暂行办法〉的通知》《财政部关于规范政府和社会资本合作（PPP）综合信息平台运行的通知》等一系列政策文件出台，使得 PPP 模式的应用与实操逐渐明朗。《中共中央国务院关于深化投融资体制改革的意见》的发布更是体现了中央政府为解决融资难、融资贵等问题的决心，大量的社会资本通过 PPP 模式参与基础设施建设与公共服务供给中来。《国务院办公厅关于促进开发区改革和创新发展的若干意见》提出“支持以各种所有制企业为主体，按照国家有关规定投资建设、运营开发区，或者托管现有的开发区，享受开发区相关政策”的规定，也为社会资本参与产业发展服务提供了合规依据。

2. 强监管环境下的正本清源

从政府的角度来讲，社会资本的进入较好地解决了资金不足的问题，但与此同时，也出现了融资平台公司利用过渡性政策，借助 PPP 等融资方式进行不规范甚至违法违规举债的现象，导致部分 PPP 项目鱼目混珠、良莠不齐，在一定程度上出现了“劣币驱除良币”的现象。为化解系统性风险，规范 PPP 项目发展，从 2017 年第二季度开始，我国开启了强监管模式。

2017 年 4 月 26 日，财政部发布了《关于进一步规范地方政府举债融资行为通知》，进一步规范地方政府举债融资行为，严禁“政府兜底”。5 月 28 日，财政部发布了《关于坚决制止地方以政府购买服务名义违法违规融资的通知》，明确定义了政府购买服务与 PPP 的边界，要防止将纯工程类、没有运营的政府付费类项目包装成 PPP，并将规范全国入库项目筛查工作。11 月 10 日，财政部发布了《关于规范政府和社会资本合作（PPP）综合信息平台项目库管理的通知》，通过加强项目库管理，进一步规范 PPP 项目。11 月 21 日，国资委发布了《国资委关于加强中央企业 PPP 业务风险管控的通知》，通过严控中央企业投资 PPP 业务风险，规范 PPP 股权投资。

2018 年 3 月 28 日，财政部发布了《财政部关于规范金融企业对地方政府和国有企业投融资行为有关问题的通知》，进一步约束金融企业对外的投融资行为。4 月 24 日，财政部发布了《财政部关于进一步加强政府和社会资本合作（PPP）示范项目规范管理的通知》，列出了 84 个剔除出国家级示范项目名单的项目和 89 个存在瑕疵的需抓紧督促整改的项目。其中，5 个城镇综合开发项目需整改，涉及投资额约 567. 2 亿元①。

这些强监管的文件的出台并不是完全否定过去 PPP 的成效，而是为了使其更好的规范化发展。为了提振信心，财政部于 2018 年 7 月 19 日公布了 396 个第四批 PPP 示范项目，总投资额 7588. 44 亿元，覆盖我国 31 个省（自治区、直辖市）②。其中包括湖州市南浔区、黄冈市团风县、郑州市新

① 需整改的 5 个城镇综合开发项目分别为：河北省保定市易县经济开发区 PPP 项目、陕西省西安市未央区徐家湾地区综合改造项目、黑龙江省抚远市黑瞎子岛配套功能区东极小镇 PPP 项目、福建省泉州市南安市海峡科技生态城 A 片区 PPP 项目、河南省汝州市科教园区建设项目。

② 数据不包括香港、澳门、台湾。

郑市三个产业新城 PPP 项目[①]。在中共中央和国务院层面，《中共中央、国务院发布关于全面实施预算绩效管理的意见》《国务院办公厅关于保持基础设施领域补短板力度的指导意见》《国务院办公厅关于聚焦企业关切进一步推动优化营商环境政策落实的通知》等文件的出台，均强调了 PPP 将继续发挥重要作用，且规范化、运营类的 PPP 项目将成为提振固定投资的一个重要支撑。

3. 由高速增长转向高质量发展

仅 2019 年这一年，中央及各部委出台的与 PPP 直接相关的政策就超过 50 个，政策总体趋于缓和。2019 年 3 月 8 日，《财政部关于推进政府和社会资本合作规范发展的实施意见》（以下简称《意见》）提出了五大要求：牢牢把握推动 PPP 规范发展的总体要求、规范推进 PPP 项目实施、加强项目规范管理、营造规范发展的良好环境、协同配合抓好落实。与之前的《关于规范政府和社会资本合作（PPP）综合信息平台项目库管理的通知》（以下简称《通知》）对比，《意见》是对《通知》的阶段性总结，是对既有规范文件的一次综合集成，它在进一步规范推进 PPP 项目实施的条件和重申以往政策的同时，强调提出了 PPP 规范发展的总体要求，并指出 PPP 模式是党中央与国务院做出的一项重大决策部署，再次肯定了 PPP 模式在提升公共服务供给质量和效率方面的积极作用，PPP 开始逐步由理性回归向规范化方向发展迈出了实质性的步伐[②]。需要指出的是，《意见》中“强化财政支出责任监管”部分提出的“新签约项目不得从政府性基金预算、国有资本经营预算安排 PPP 项目运营补贴支出等规定，”对 PPP 项目特别是区域综合开发类 PPP 项目的合规运作，提出了更高的要求。5 月出台的《政府投资条例》是在政府投资领域中一个最为重要、最为全面也最为权威的制度规范，政府行为被纳入法治化轨道。2019 年末，《最高人民法院关于审理行政协议案件若干问题的规定》第二条中列举了属于行政诉讼受案范围的行政协议，其中包括“符合司法解释规定的政府与社会资本

① 资料来源：《财政部关于公布第四批政府和社会资本合作示范项目名单的通知》。
② 资料来源：《2019 年中国 PPP 市场年报》。

合作协议”；《关于印发〈政府会计准则第 10 号——政府和社会资本合作项目合同〉的通知》，主要规范了政府方对 PPP 项目合同的确认、计量和相关信息的列报。

随着近年来政策的不断出台和调整，PPP 无论是在顶层设计，还是在法制化方面都有了长足的进步。在 2019 年 11 月 12 日由北京大学 PPP 研究中心举办的“全球 PPP50 人论坛”第二届年会上，十三届全国政协副主席辜胜阻在致辞中表示，经济下行时期应当将稳增长放在更加突出的位置，其关键是要“稳”市场预期、“稳”民间投资。PPP 是拓宽民间资本投资渠道的重要方式，不断完善的政策环境有助于让 PPP 回归本色，激发民间投资活力。通过打造更多预期收益稳定且可持续发展的优质 PPP 项目，让民间资本有空间投；缓解民间资本的融资难题，让民间资本有资金投；稳定市场预期，提高项目可持续运营能力，让民间资本有信心投；强化地方政府的契约精神，增强民间资本的话语权，以法治化护航伙伴关系，让民间资本有胆量投。同时，原财政部部长、中国财政学会会长楼继伟认为，稳步推进 PPP 行业发展是应对有效风险的必然选择，要按照尽力而为、量力而行和绩效导向的原则，为 PPP 模式提供更加广阔的发展空间和运用场景，进一步加大高质量、公共服务的供给力度。全国人民代表大会常务委员会预算工作委员会主任史耀斌表示，PPP 事业在中国不断向前发展，行稳致远的框架不断完善，基础不断夯实，作用正在不断显现。PPP 是推进政府治理体系现代化的一种方式，是提高政府效能的一个载体，是健全国家基本公共服务制度体系的一种补充，可以更好地满足人民多层次、多样化的需求。坚持发展和完善这种体制，要进一步深刻认识 PPP 的意义，加强 PPP 法治建设，促进规范发展，推动落地见效。

"PPP + 产业新城"模式效能分析

现有 PPP 项目的评价方式，虽然可以在一定程度上反映 PPP 的效能优势，但仅依靠这些指标进行测评会产生明显的片面性和局限性。只有提出一个更加综合的分析框架，从 PPP 模式的内涵性规定和外延性功效方面做出更加全面、系统、深入的统一分析，才能对 PPP 模式做出全面的系统评价。特别是在"产业新城"的建设中，PPP 的效能绝不只是仅仅停留在项目层面，而是将对县域经济和区域的发展产生更加广泛和深远的影响。

结合理论与实践，本章将围绕微观层面、中观层面和宏观层面三个维度，从 PPP 模式的融资效能、改制效能、治理效能三个方面，对 PPP 模式助推"产业新城"建设的效能进行全方位的论述，以期更为系统地认识 PPP 在"产业新城"中的定位与作用，并尝试给出可以反映 PPP 综合效能的评估指标建议。

第一节 PPP 的融资效能

从本质上讲，PPP 模式的核心属性仍是对公共事业建设所需资金的融通，这一本质特性决定了 PPP 的资本融通功能是 PPP 推动"产业新城"建设的核心效能。

作为公共品供给的融资手段，PPP 模式在风险防控、效益激发、长效管理等方面表现出明显的制度优势，拓宽了公共事业的融资渠道，提高了资本利用水平。正如国家发展改革委在官方文件中所提出的那样，PPP 有利于创新投融资机制，拓宽社会资本投资渠道，有利于推动各类资本相互融合、优势互补，促进投资主体多元化，充分发挥市场配置资源的决定性作用。

一、实现激励相容，提升风险承受能力

在 PPP 模式中，激励相容与风险共担是支撑 PPP 运行的核心机制，同时也是发挥 PPP 模式融资效能的制度保障。

PPP 项目以实际产出和服务导向为唯一尺度。只有当项目达到“物有所值”的预期目标时，政府才会对项目进行验收结算，并开始支付相关费用，若 PPP 项目在完成前没能按约定达到绩效要求，或在项目的运维管理中，没有满足预设的绩效目标，政府可根据 PPP 合同契约不对社会资本进行支付。

这种激励相容机制，充分激活了社会资本方的潜在优势，相关主体会尽各种努力完成预期绩效，在绩效目标导向下实现融资的价值效能，这也正是 PPP 模式在融资使用效率上高于传统模式的内在原因。以英国的实践为例，有研究表明，英国采用传统政府投资模式的项目，按预算交付率不足 30%，而同期采用 PPP 模式的类似项目，按预算交付率高达 80%。

在“产业新城”的建设中，PPP 激励相容机制要求社会资本只有在新城发展的经济总量、民生水平、生态环境等方面完成约定的绩效后，才能从政府部门获得相应的报酬。这一制度安排的逻辑是以确保最终的公共品产出为前提，将政府意愿、企业效益与社会效用紧密挂钩。社会资本只有在满足新城发展所需效用的前提下，才可从自身创造的价值中获利。与此同时，政府也将从新城的经济发展中得到更高的税收，扩充财力，同时进一步对社会资本进行奖补，激发其更好地发挥服务效能，由此形成了激励相容的良性循环。

项目收益的背后意味着项目风险的存在。PPP 模式的风险分担机制，则对融资风险提供了制度保障。在 PPP 模式的风险分担机制中，每一种风险原则上会让最有承受能力的一方承担，进而实现风险危害最小化、应对能力最

大化的风险分担模式。与此同时，各类主体承担风险的程度也与所得回报的大小相匹配，由此实现效益与风险的对等。在这种能力匹配与公平对等的大原则下，PPP 模式的风险分担机制可充分发挥各方优势，以联盟之合力，增加项目综合的抗风险能力，进而成为发挥其融资效能的重要风险保障。

考虑到私人部门承受风险的能力弱于公共部门，PPP 模式的风险分担机制一般会对私人承担的风险设定上限，一旦风险超过上限，可启动补贴或调节机制。在满足社会效益的前提下，若 PPP 项目收益不能满足成本和预期收益要求，政府也会通过补贴的形式继续支持。PPP 模式的风险分担机制这一安排，一方面，基于政府与社会资本以平等共治的身份参与项目开发运维；另一方面，基于公共事业的公益性与营利性共存。市场效益与政府支持对社会资本而言是一种重要的吸引，其既有公共品市场份额普惠，又有政府公信力的背书，因此，PPP 模式可实现对社会资本的吸引，增加公共项目开发的资本融通能力。

"产业新城"在建设中会面临环境风险、主体行为风险、项目风险、市场风险等一系列风险。在风险分配上，项目设计、建造、财务和运营维护等项目风险通常由社会资本承担。由于政府在化解、防范政治风险、法律变更风险等方面具有规避风险的最小成本，因而此类风险通常由政府承担；而对于双方均不具备控制性的风险来说，原则上将由双方共同承担。

结合我国县域经济发展的实际需求看，片区整体性开发仍是县域经济增长的主要拉动模式，但开发资金的筹集和政府债务红线的限制，已显著成为县域经济开发的掣肘因素。近期，贵州独山县的巨额债务问题曝光，再一次引发了社会对地方政府债务问题的关注。2020 年 6 月，财政部发布了 2020 年地方政府债券发行和债务余额情况，截至 6 月末，全国地方政府债务余额 241583 亿元，虽然该债务余额经过国家去杠杆措施的大力把控，控制在了全国人大批准的限额之内，但对县域经济发展而言，去杠杆付出的代价则是投资压缩与发展降速。①

与此同时，国家新一轮新基建开发的投资需求，在地方政府债务红线的压力下，难以起到真正的投资拉动效益。在这样的背景下，通过 PPP 融

① 资料来源：财政部预算司《2020 年 6 月地方政府债券发行和债务余额情况》。

资效能的发挥，恰好可以解决债务红线与融资不足的矛盾问题。以PPP模式对社会资本融资，社会资本方将以合伙人的身份参与县域发展基建项目，进而不构成对县级政府的政府债务。因此，PPP模式在不增加政府债务负担的前提下，实现了项目资金的筹集，这是PPP模式实现可持续融资效能的最直接体现。

综上分析，PPP模式通过“激励相容”与“风险共担”的机制设计，保证了所融资金的收益水平和回报要求，增强了抗风险能力，进而在制度安排上促进了政府与社会资本信用水平的提升；在拓宽资本融通渠道，增加资本使用效率的同时，又不会引致政府债务风险上升，这无疑是PPP模式在建设“产业新城”中所能发挥的一个显著优势。

二、优势互补，提升产品与服务供给效率

PPP融资效能的一个重要方面在于：政府与社会资本在PPP模式中可以通过优势互补，节约项目开支成本，提高要素组合效率，进而产生更高的投资回报率。

PPP的生命力就在于，它基于现代金融技术和管理发展所提供的支撑，将政府部门所追求的公平目标和社会（私营）部门所追求的效率目标，通过风险共担和利益共享机制有效地结合起来，进而形成良好的互补关系，使政府在宏观调控、资源的运用能力、公共服务的监督管理经验等方面所具有的优势和社会资本在技术、管理、运营等方面所具有的优势实现叠加，由此有效激活市场潜力，提升政府管理效能，提高公共产品和服务的供给质量，实现公平与效率的统一（孙祁祥，2019）。

通常来说，政府公共财政支出很大一部分比例是对既有公共项目的运营和维护。而从成本的角度看，由于PPP项目更加注重公共项目的运维，通过更专业化的团队对项目加以管理，可以降低政府公共服务项目的整体运维成本。与此同时，PPP模式更侧重于项目的长效性，也可减少项目服务外包的转交频次，进而降低交易成本。

与传统公共服务供给模式相比，PPP模式在管理框架上更加扁平。传统的政府供给模式，基于行政科层的组织模式开展工作，其垂直化的配置

特征，导致层级多、耗时长、程序复杂，决策的交易成本高。而 PPP 项目，通常以特殊目的公司（SPV）为载体，扁平化的工作模式省去大量的审批过程和决策层级，资源配置的效率也因资源配置垂直化程度的降低而大大提高。

从根本上讲，PPP 项目始终根植于市场机制，遵循市场机制的效率原则、公平原则和竞争原则。市场通道的打开，将动员全社会的相关人力、资本、技术、管理等优势资源参与 PPP 的项目，这将极大丰富公共服务供给的社会资源。由于竞争机制的引入，将一改传统由政府单一主导的低效率服务，大幅提高公共服务的质量与效率。而社会资本所固有的市场敏感性，将使其在参与公共服务的过程中，以项目工程的综合效益为导向，系统考虑项目的收益、成本、风险、可持续性和社会影响等因素，进而优化公共服务的资源供给。

作为推动县域经济发展的综合开发模式，“产业新城”的建设需要以产业为依托，而有效的产业规划与布局，需要依靠市场的引导，遵从市场要素的流动规律。实践证明，相比于政府的单一供给模式，多元主体参与的 PPP 模式将在专业性与人力配置上更好地胜任这一规模庞大的系统工程。这种根植于市场机制，又带有政府宏观把控的“产业新城”开发模式，将通过成本的节约与效率的改善，提升“产业新城”的融资回报水平，继而发挥资本效能推动新城建设。

三、实现全生命周期管理，提升可持续发展能力

PPP 模式在具体应用中具有系统、细化的推进流程。根据财政部对 PPP 项目基本流程的设定，PPP 的项目过程可初步分为项目识别、项目准备、项目采购、项目执行、项目移交五大基本环节。从更加细致的划分来看，其全生命周期的过程步骤繁多，需经“五阶段十九步”。而 PPP 模式的融资效能也体现在项目全生命周期的管理当中。

PPP 模式全周期的管理实则为全生命周期的融资管理。PPP 项目从启动开始就涉及对融资问题的决策，包括在建设期的资金来源、利率选择、结构设计、使用时间等；运营期的流动资金安排、建设资金还本付息计

划、社会资本方股权回报确定和资金安排，甚至再融资需求；项目转让期的金融结算、合理回报确认等。这一系列的融资决策，将统一嵌入 PPP 项目的全生命周期管理当中，以统一的既定目标为导向，通过稳妥推进和各环节高效衔接，实现融资效能长效性的发挥。

与传统项目的全生命周期管理相比，PPP 模式的全周期管理具有三个重要特点：第一，PPP 项目全生命周期管理启动的时点是项目识别和筛选，而传统的启动时点是立项执行。第二，参与方在项目全周期管理中的关系与责任不同。在 PPP 项目中，政府与社会资本基于平等共治、利益共享、风险共担的原则开展合作。政府负责项目价格、质量监管，承担政策和需求风险，社会资本则承担项目建设和运维风险。而传统项目的管理主体是政府，其他相关主体与政府之间是授权关系，无法自发执行，需审核审批式推进。第三，在项目全周期末端，PPP 模式的回报机制与传统模式下政府支出的方式不同。PPP 全生命周期成本的高低与绩效结果直接挂钩，“激励相容”机制将决定社会资本的收益水平，而传统模式则是根据约定的确定回报，项目的效益水平无法得到把控和监管。

从以上比较分析中不难看出，PPP 模式的全生命周期管理充分发挥了此前所提到的物有所值、风险共担、激励相容的制度优势，实现了全生命周期视角下项目融资决策的最优化，保障了资本效能的发挥。

“产业新城”不同于旧城改造，它本身是一个立体综合的县域经济开发过程。以 PPP 模式助力“产业新城”的发展，其实质是多个 PPP 项目同时推进的集成式城乡开发，需要在一定区域空间内实现人口、产业和公共服务的聚合重组，而不是单体基础设施的简单捆绑相加。这一特征就要求“产业新城”在开发建设中，需要以系统整体的视角进行统筹规划。PPP 模式全生命周期的管理方式，可以从更高维度、更加系统的视角保证项目有序落实，同步推进，彼此衔接，实现 PPP 项目间的相辅相成与彼此呼应。

“产业新城”是一项长期工程，并非短期的项目任务。以 PPP 模式推动“产业新城”的建设，是将关注点从传统的基础设施建设转移到公共服务本身上来，即不再将基础设施建设作为项目追求的唯一目的，而将其视为实现公共产品与服务的物质载体。融资效能的体现形式也不仅仅只是聚集固定资产的形成，而是真正转移到了公共服务价值的创造上。因此，

PPP 项目的全生命周期管理，改变了传统项目设计与建设脱节、建设与运维脱节、运维与需求脱节的弊端，以 PPP 的融资效能促进了社会效用的创造，真正做到“以人为本”和“以产兴城”。

第二节 PPP 的改制效能

众所周知，公共财政支出的根基在于以税费为主的一般性财政收入。近年来，伴随着“紧财政”大环境的发展，我国公共财政模式的“失衡”与“失能”现象愈发明显，并逐渐成为影响公共物品供给的掣肘因素。秉要执本，只有加强财政体制的改革，才能从根本上补足我国在公共服务供给方面的制度短板。

党的十八大以来，国家多次明确要建立以“法治财政、民生财政、稳固财政、阳光财政、效率财政”为特征的现代财政制度，提出财政是国家治理的基础和重要支柱，要深化财税体制改革，使财政制度向有利于转变经济发展方式、维护市场统一、促进社会公平正义和可持续的方向发展。

PPP 模式的还有一个重要效能，就是对公共财政体制改革的促进和影响，这也使其成了推动国家财税体制改革的一项重要抓手。财政部在推广 PPP 模式的官方文件中提出，运用 PPP 模式是促进经济转型升级、深化财税体制改革、构建现代财政制度的重要内容。

、突破财力限制，平滑政府财政支出

伴随着经济新常态的到来，“紧财政”已成为我国近年来财政政策的主要基调。以 2019 年为例，中国迎来了史无前例的“减税年”，力度空前的“减税降负”举措，给公共财政收入带来了巨大压力。根据财政部最近的数据显示，2019 年前 10 个月，我国减税规模超过 1.97 万亿元，预计全年的减税降费总额将超过 2 万亿元。[①]

① 财政部．2019 年全年减税降费将超过两万亿元［N］．光明日报，2019－12.

与此同时，伴随着人民生活水平的提高，高质量的公共服务呈现刚性化的增长态势，公共财政支出需求显著增加。面对税费收入回落与公共支出追加两者之间的巨大“剪刀差”，唯有找到突破财力限制的方法，才能保证国民经济和社会发展在既有目标下平稳运行。

国际经验和我国的实践都表明，盘活社会资本是有效且唯一的出路。我国社会资本存量巨大，根据统计局最新发布的第四次全国经济普查数据，截至2018年末，仅私营企业个数就达1561.4万个。[①]《2019中国民营企业白皮书》显示，中国民营企业的注册资本超过165万亿元。反观我国近年来的公共财政支出水平，2017年全国一般公共预算支出首次突破20万亿元。[②] 由此可见，仅民营经济注册资本一项，就超过了全国一般公共财政支出的数倍。

社会资本的活跃度也明显高于政府财政资金。以2018年为例，全国固定资产投资总额为635636亿元，其中民间固定资产投资比重超过60%，且民间资产投资增速比全国投资增速高出将近3个百分点[③]。《中国民营经济报告：2019》的数据显示，2019年1～7月，民间固定资产投资占比60.3%，在制造业投资中占比更达到85%以上。[④]

“产业新城”在财政资金的支持上具有一定的特殊性。这是因为，“产业新城”是置身于主城之外的城乡县域发展区域，与主城区的公共财政资源存在一定的“挤出效应”，同时由于“产业新城”的开发耗资又是巨大的，这种挤出程度格外明显。但是在发展的关系上，主城区与其产业新城之间又是相辅相成的互补关系，这种经济上的“互斥”与发展需要上的“互补”，构成了“产业新城”发展的一种内化矛盾。

然而，理论和实践均表明，通过盘活社会资本，特别是PPP模式的应用，可以在有利于缓释财政风险、平滑政府财政支出的同时，有效推动新城建设。

从机理上来看，PPP模式将原有政府供给公共支出的短期集中支付

---

① 国家统计局. 全国私企数量达1561.4万个，占比超八成［N］. 央视网，2019-11.

② 资料来源：财政部《2017年全国财政决算》。

③ 国家统计局. 2018年全国固定资产投资增长5.9%［N］. 第一财经，2019-1.

④ 资料来源：恒大研究院《中国民营经济报告：2019》。

变为由社会资本投资后政府多年的平滑支付，极大地扩大了政府的支付水平和财力调配能力，平缓了公共财政支出的现金流。对于新增项目，PPP 模式的风险分担机制，有利于降低政府在新开工项目上的投资风险；对于存量项目，PPP 模式的激励相容机制，也将有助于提高既有公共资本的运营效率，减轻存量债务危机。这些机制优势均可以显著提高财政投放质量，完善预算管理，降低公共财物风险与危机，进而促进财税改制目标的实现。

但需要强调指出的是，运用 PPP 模式一定要基于其要义本源，在充分理解 PPP 本质内涵的基础上，严格遵循 PPP 的运行机理。在近些年的实践中，不少地区沿用传统思维，假借 PPP 之名，行变相举债之实，出现了名股实债、抽屉协议、承诺回购、固定回报等异化现象。上述问题的存在，不仅无法实现 PPP 平滑债务的效能，反而加剧了地方政府债务风险，出现隐形举债，导致债务结构更加复杂。

在未来经济下行压力继续加大，“产业新城”的建设无法仰仗传统的财税体制的大环境下，包含 PPP 模式的财政体制改革势在必行。依靠社会资本的总量与活跃度填补公共财政的能力缺口，同时平滑政府财政支出，促进公共事业供给侧的结构改革，不仅是未来我国在公共事业领域满足社会需要的可行措施，更是“产业新城”建设与县域经济腾飞的必要制度支撑。

二、平衡“财事”关系，打破行政边界

当前，地方政府的财力限制和地区发展建设的实际任务，直接导致了现有“财权”与“事权”失衡的局面。

自 1994 年分税改革以来，我国很多地方的税收变为共享税，真正属于地方的税种和收入逐渐减少。统计资料表明，我国基层政府承担了 70% 以上的公共服务，但其可支配的财政收入仅占总财政收入的 50% 以下，基层政府承担着与其财力极不相匹配的事权。①

① 财政压力加大广州拟清理合并专项转移资金［EB/OL］. 第一财经日报，2013 - 8 - 29.

在这样的局面下，PPP 的改制效能可以得到更加充分的发挥。PPP 的发展将促进社会力量参与公共服务事项，政府通过招投标的方式选择公共服务的参与方，利用市场机制鼓励企业或其他社会组织提供公共服务，进而促进了“事权”的顺利交接，在缓解了政府财务压力的同时，重新明确了政府与社会资本在公共事务上的职责分工，捋顺政府与市场的关系，构建了新型的“财”“事”关系。

除“财事”失衡外，现有财政支出体制下的公共服务还受到行政区划的严重影响。从事权合理性上考虑，许多公共项目与服务，如江河流域治理、大气污染防护、省际综合管廊开发等都具有跨主体、跨行政区划的共同特征。而我国的财税体制多以行政区划为基本边界，这样的制度安排使得政府在动用资源时严重受体制和行政边界的约束。PPP 模式以项目为基本单元，基于市场渠道实现跨区域、跨领域的资源调配与使用，进而可以打破原有行政边界的束缚。

“产业新城”是一项综合性的开发工作，从财力、物力、人力以及专业性上而言，政府难以再通过传统的“单边”模式进行治理，因此必须吸纳社会力量，实现“人、财、物、智”等各项要素的全社会供给。作为协调区域发展的“点状增长极”，以“产业新城”驱动的县域经济具有重要的辐射功能与连接力，经济活动与项目业务的跨区划性也必将高于核心城市。因此，“产业新城”的项目建设和运维，需要交给政府与市场共同管理，需要统配社会财力资源，否则就会严重限制“县域经济”的辐射功效。

另外，从实践来看，县域经济的发展在一定程度上受限于行政级别的功能定位。县和县级市并不只是表现为级别差异，实质上两者在功能上各有侧重。县的工作重心是“三农”工作，而县级市的主要功能是发展工业、城市建设、关注职工生活等。县的用地指标限制严格，所有东西都是按人口分配，比如道路、教育用地、公共设施等，规划严格，不能有所突破。因此，一旦产业和地区自身发展需要与行政属性的功能侧重发生冲突时，必将带来严重的发展“瓶颈”与资源浪费，这种情况在原有以行政区划为根据的财政制度下时有发生。而 PPP 模式是按市场分配资源，按项目模式推进，按社会需求和公众意愿发展，可以有效地规避行政级别上的发展限制和定位上的制约，由此为“县域经济”的发展，甚至由县到县级市的升级提供通道。

三、摒弃“输血”模式，强化自身造血机能

对基础设施建设和公共服务供给资金周转模式的根本性改变，是PPP模式在助力“产业新城”发展中，其改制效能的体现。

长期以来，地方政府融资平台承担着我国公共品和基础设施融资的主要职责，而地方融资平台实则是基于以土地资源为主的财政收入才得以维系。然而，伴随着我国土地资源使用几近饱和以及难以承受的高房价，依靠土地资源的“输血”模式面临着巨大的挑战。土地财政收入的锐减导致各地融资平台债务达到了难以承受的数额，杠杆率不断升高，几近崩盘。

根据中金公司的数据，截至2018年底，地方融资平台的有息负债超过30万亿元人民币，占GDP的34%①，而这部分还仅仅只是基于财务报表内的可见数据，并不包括地方政府融资平台表外债务情况。除高额的债务外，在没有竞争压力的环境下，处于垄断地位的地方融资平台缺少竞争和激励措施，造成公共品投资、建设和管理的严重低效。

由以上的分析可见，依靠传统土地财政“输血”的公共财政供给模式难以为继，因此，我们必须另辟蹊径。理论与实践的分析表明，以产业为根基的“PPP＋产业新城”模式具有强大的“自身造血”功能，可依靠产业收益自主维系公共服务支出的资金运转，这可以从以下二个方面体现出来：首先，在“产业新城”的发展中，园区或新城的落地企业是公共服务和生产性配套服务最大的受益主体，例如规划服务、能源电力供应、交通运输保障、园区污染物处理等，企业个体将通过“使用者”付费的方式支持公共服务的运维，这也是“造血”收入的主要来源；其次，产业发展所带来的区域经济增长与收入的提高，将给地方政府带来税费收入的增加，

① 中金．地方融资平台巨额债务 中国资产负债表的灰犀牛［EB/OL］．金融界网站，2019－3．

“放水养鱼”的效用将反哺公共财政，增加政府的支付能力；最后，PPP模式所具有的“物有所值”优势将节约公共服务的成本开支，进而以“省血”的方式支持公共服务。

从本质上看，PPP 模式将在“产业新城”中进行集成式开发，通过市场对区域赋能，进而实现区域价值的整体提升。区域主导产业的市场效益与竞争力水平将直接与地区经济增长、社会公共品需求与政府财政收入挂钩，进而促进新的 PPP 项目。这种 PPP 模式与“产业新城”之间的互相支撑也是其“自我造血”的根本来源。

换句话讲，PPP 模式的这类改制效能体现在，PPP 模式使得传统公共服务模式由以政府财政补助为主转向以社会资本新创造价值为主，形成财政与社会资本之间的良性循环，以区域价值效益支撑公共产品服务，进而替代了传统依靠土地财政的“输血”模式。

第三节 PPP 的治理效能

从宏观维度的角度思考，PPP 的作用不仅局限于项目融资和财政改制层面，它本身还具有厘清政府与企业关系、生态环境保护、促进多元主体共治等多项治理效能。国务院办公室转发财政部、发改委和人民银行《关于在公共服务领域推广政府和社会资本合作模式指导意见的通知》的文件曾明确提出，在公共服务领域推广政府和社会资本合作模式，是转变政府职能、实现公共利益最大化的重要改革举措，在公共产品和公共服务领域广泛采用政府和社会资本合作模式，对统筹做好稳增长、促改革、调结构、惠民生、防风险工作具有战略意义。

一、厘清政府与市场的关系

政府与企业是现代市场经济的两大主体，政企关系不可避免地成为影响国家经济和社会关系的重要问题。

从国际经验来看，透明规范的政企关系是市场经济高质量运行的充要条件，而促进平等有效的政企关系形成正是PPP模式所具有的重要效能。

各主体的平等性是PPP模式最鲜明的特征。在政府和社会资本合作开展公共服务的过程中，政府部门不再居高临下地发号施令，而是通过平等协商的原则，建立收益共享、风险共担、机制共建、项目共治的新型政企关系。双方本着契约精神，以PPP协议为合作依据，对各方的权、责、利做出明确规定。这种各司其职、照章办事的平等关系不仅会降低公共事务供给中的摩擦成本，更会极大提升项目的效率。

如前所述，在“产业新城”的系统性开发中，由于巨大的资金需求，仅靠政府财力或专项资金难以支撑新城的建设，必须借助社会资本的力量，而平等健康的政企关系正是吸引社会资本参与PPP模式的根本前提。

平等的政企关系对“PPP + 产业新城”模式的应用更是非常关键。在“产业新城”的建设中，政府所关心的是如何提供有效的公共服务，企业所关心的是如何赚取合理利润，两者之间在多数情况下并不矛盾。“盈利但不暴利”是PPP模式中政企双方共同的价值取向，也是政企双方充分发挥各自优势、达到利益最大化的合作基础。

通常情况下，“产业新城”PPP项目的收益率为6%~8%，这一收益水平通常会低于企业在良好环境下收益率5~6个百分点。因此，社会资本参与“产业新城”PPP项目的重要利益诉求就是对项目长期平稳性的追求。一旦政企关系出现问题，例如，政府是以“指挥官”而非“平等伙伴”的状态参与产业新城项目，将会严重降低社会资本对项目长期平稳收益的预期和信心。

二、生态环境治理

生态文明建设与绿色发展已成为当今时代发展的主旋律，更是新时代高质量发展的重要内涵。

长期以来，以重工业和粗放式开发为主的城乡发展模式，虽然在很大程度上加速了我国的城镇化进程，但重视经济忽略环境，重视增量忽视质量，重视建设忽视运维，以及先发展后治理的发展逻辑造成了不可逆的生态破坏和资源浪费。

2018 年，中国全社会一次能源的年消费量占世界比重 23.6%，高于美国的 16.6%，位居世界第一位①，全国 10168 个国家级地下水水质监测点优良比例仅 13.8%②，工业土壤污染的全国点位超标率达 16%③。资源环境的双红线已严重影响了我国的城乡环境，更制约经济社会的可持续发展。出现上述问题的原因之一就在于“唯 GDP 论”的发展观念，其具体表现就是地区在发展中仅追求经济效益，而不关心环境效益的发展模式。

城乡水土治理、生产污染物处置、生活垃圾处理是城乡生态环境治理和公共服务的重要内容，具有严格的专业性和标准要求，更是长期性公共事务。传统的城乡生态环境治理模式以政府环境规制和政府采购为主要手段，但却存在着严重的不足和缺陷。例如，城乡企业的生产排放废物处置依靠环境规制驱动企业自身负责，而城乡企业多以中小企业为主，生产规模与收益难以支撑污染物系统处理的高额成本，“跑冒滴漏”问题严重，同时也增加了监管成本甚至滋生了“腐败”。生活污水与生活垃圾作为非生产端的主要污染物，其处置通常以政府采购的方式交由第三方公司负责，但由于缺失考核与激励机制，很难保证第三方的服务质量并对其进行有效的监督。

PPP 在“产业新城”建设和运营中具有明显的生态治理效能。在企业生产一方，工业园区的统一规划与布局将给生产企业带来集中效益，并产生企业上下游之间的静脉循环关系，生产污染物的集中处置和循环利用将显著降低单个企业分散式处理的成本，同时更加便于管控规制和环境监督。与投资兴建大型处置设施相比，企业将更加愿意以“使用者”付费的方式，直接采购集中服务。对于生活污水与垃圾，PPP 激励相容的机制设计将有效确保专业公司对污水和生活垃圾的处理质量，加之多元主体共治和社会参与的特征，将使 PPP 模式在垃圾、污水处理等环境治理方面的效能凸显出来。

近年来，PPP 模式在城乡黑臭水体整治、海绵城市建设、内源治理、

① 资料来源：《BP 世界能源统计年鉴（2019 年）》。

② 资料来源：《2018 中国生态环境状况公报》。

③ 资料来源：《全国土壤污染状况调查公报》。

生态修复、景观提升、跨区域流域生态涵养保护、统筹山水林田湖草系统治理等方面发挥了越来越大的作用。统计资料显示，截至2019年第三季度末，生态建设和环境保护类PPP项目在库累计个数达906项，规模9713亿元，数量与规模均居于所有类型行业排名前五位。①

三、推进国家治理

国家治理体系是国家制度和组织框架的集中体现，包括经济、政治、文化、社会、生态文明和党的建设等各领域体制机制和法律法规安排。这些治理制度构成了一整套紧密相连、相互协调的国家制度。而治理能力则是运用国家制度管理社会各方面事务的能力，它包括改革发展稳定、内政外交国防、治党治国治军等各个方面。

党的十八届三中全会提出，全面深化改革的总目标是完善和发展中国特色社会主义制度、推进国家治理体系和治理能力的现代化。党的十九大报告提出，我国计划到21世纪中叶，实现国家治理体系和治理能力的现代化目标。党的十九届四中全会通过了《中共中央关于坚持和完善中国特色社会主义制度、推进国家治理体系和治理能力现代化若干重大问题的决定》，其中明确指出“我国国家制度和国家治理体系具有多方面的显著优势”，而如何更好地发挥国家制度的优势，并将其转化为有益经济发展和人民福祉的实际效用，则是未来需要解决的重点问题。

从理论上来讲，治理是不同于统治的，有专家学者从以下五个方面阐述了两者的区别②。第一，权力主体不同。统治的权力主体是单一政府，而治理的主体除政府外，还包含企业组织、社会组织和居民自治组织等。第二，权力的性质不同，统治是强制性的，而治理可以通过强制也可以协商。第三，权力来源不同，统治的来源是国家使用公权的权力，基于强制性的国家法律，治理的权力除法律外，还基于各类非国家强制的社会契约。第四，权力运行的方向不同，统治的权力运行来自自上而下的使用，

① 资料来源：财政部全国PPP综合信息平台项目管理库。

② 王天义．PPP从理论到实践［M］．北京：中信出版集团，2018．

治理的权力可以自上而下，但更多是平行的。第五，两者作用的范围不同，统治所含范围以政府权力及其领域为边界，而治理所及范围则以公共领域为边界。人们可以发现，21 世纪世界主要国家政治变革的重要特征就是增加“治理”，减少“统治”。

“产业新城”的建设和运维需要政府、企业和社会的多方参与，构建多元主体的治理体系。PPP 推动产业新城建设，在宏观层面体现的是政府、企业和社会主体共治，在微观层面是对项目共建、共享和多主体社会意愿的表达。以传统模式推进城乡建设开发，缺乏对公共需求的回应和响应机制，城乡建设和产业规划以政府意愿为主导，甚至强制推行。而以 PPP 项目构建公共服务的供给模式将建立起一套良性的社会响应机制，通过使用者付费、市场选择等“用脚投票”的方式，将公共选择嵌入“产业新城”的开发中。与此同时，公共服务供给的企业不再是政府的代理人，而是合伙人，在平等协商的原则下，基于契约精神实现有序合作，其本身就是一种新型的公共治理关系，这也是国家治理体系现代化发展的具体内涵。

面对愈发复杂的经济形势和愈发多元的社会需求，法制、政府、社会力量的结合将促进更加公平、高效的治理模式，这是我国深化改革的重要方向，更是时代与社会发展客观规律的基本要求。PPP 模式的独特属性，使得该模式的应用成为时代发展的客观必然。

在未来，“PPP + 产业新城”模式的应用将是国家现代化治理中的重要先行和示范，其对内开放的意义与治理体制的改革，不亚于我国在改革开放初期对经济特区的建设与市场化改革。从某种程度上讲，以 PPP 模式助力“产业新城”和县域经济的发展，将是我国未来深化改革、实现对内开放、开启“改革开放”下半场的重要契机和承载形式。

第四节 典型案例分析——河北固安产业新城

作为我国基于县域经济“PPP + 产业新城”开发模式的典型代表，华夏幸福主导实施的河北固安产业新城 PPP 项目，从 2002 年 6 月算起，经历了 18 年的发展，提供了一个相对完善的分析样本。本节将根据前述章节分析，从融资效能、改制效能、治理效能三个方面对该项目进行效能评估。

一、融资效能

融资效能可以从以下三个方面体现出来。

（1）激励相容，提升风险承受能力。按照固安产业新城 PPP 项目合约，社会资本的利润回报以固安工业园区增量财政收入为基础，若财政收入不增加，则企业无利润回报，县政府不承担债务和经营风险。社会资本需要通过市场化融资，以固安工业园区整体经营效果回收成本，获取企业盈利，同时承担政策、经营和债务等风险。这一机制良性运行的核心是：在企业与地方政府共同建立合作关系的基础上，促使社会资本不断努力吸引产业入驻固安新城。

在 30 年合作期限内，项目总投资约 83.4 亿元（包括规划成本 0.18 亿元、土地整理成本 48.5 亿元、基础设施和公共设施建设成本 8.56 亿元、基础设施和公共设施运营成本 5.63 亿元、产业服务成本 20.53 亿元），政府付费总额为 94.5 亿元（包括园区建设运营服务费 69.16 亿元和产业综合发展服务费 25.34 亿元），社会资本方全投资内部收益率为 7.94%。项目公司由社会资本方全资控股，负责筹集项目开发建设的资金。项目建设前期，由于存在大量的基础设施、公共设施建设内容，且产业导入刚刚起步，故社会资本方的投资额大于政府支付金额，这也可以认为是政府用较少的资金撬动了大量的社会资本；项目建设后期，随着建设内容的逐渐完工，产业导入逐步进入正轨，政府支付金额会随着落地投资额的增加而逐步提高；当进入运营期后，政府和社会资本都将处于较低的水平，而区域内的财政收入则逐步提高。

合理的风险分配机制也是 PPP 融资效能的重要体现，项目风险成本是在充分考虑各主要风险出现的概率及其损失后的估计值，是对未来项目风险成本的度量。通过对第三批和第四批国家示范项目中产业新城 PPP 项目的统计（见图 4－1）发现，固安项目风险成本占比较低，这在一定程度上离不开项目十多年运营，是政府和社会资本双方相互博弈、磨合、协同的结果。

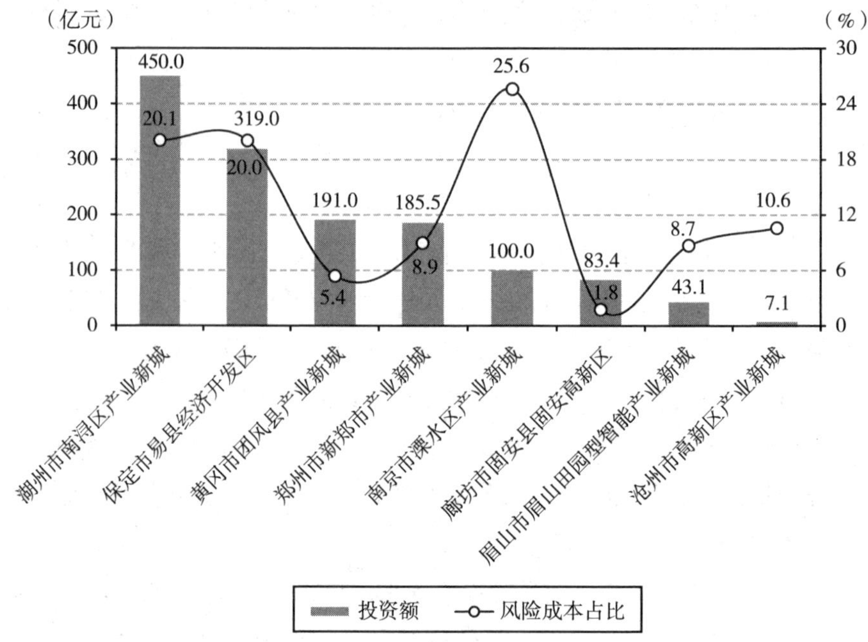

图4-1　第三批和第四批产业新城国家示范PPP项目风险成本占比

资料来源：财政部PPP综合信息平台管理库。

（2）优势互补，提升产品与服务供给效率。在固安产业新城的案例中，华夏幸福承担了城市规划和设计、基础设施和公共设施开发、城市运营管理以及产业招商的责任。当地政府只负责在合同期内对项目进行审批和监督，并仅在合同到期后才能获得工业园区的全部所有权。双方合理分工，相互补足，极大提高了效率，也更能激励社会资本在其擅长的领域实现突破，从产业导入的成果来看，固安从2002年起已经累计引入了超600家企业、30家高校和科研机构，累计招商引资额超1400亿元①。

（3）全生命周期管理，促进可持续发展。一方面，PPP模式中所强调的运营属性，让政府与社会资本都不再将眼光局限于眼前，而更注重产业新城发展的整个生命周期。从规划初始就贯彻绿色发展、可持续发展的理念，同时吸取城镇化严重滞后于工业化这一发展“瓶颈”所带来的教训，实现“产城融合”。另一方面，从物有所值的角度来看，在全生命周期内

① 资料来源：华夏幸福官网，https：//www. cfldcn. com/nic/guannic/。

固安政府采用传统采购模式提供公共产品和服务的全部成本为115.85亿元，物有所值率达15.66%。[①] 结合贯穿全生命周期的绩效管理，五年一次的中期评估，给予政府和社会资本定期审视发展成果和双方合作情况的机会，并根据评估结果适时调整，PPP模式带来的整体经济效率提升更为明显。

二、改制效能

改制效能主要通过以下三方面的成效体现出来。

（1）改善地方财力，平滑政府财政支出。从2003～2018年的16年间，固安产业新城的带动与辐射效应为固安的经济发展起到了积极的作用，固安地区生产总值（GDP）从35.06亿元增加到274.9亿元，且政府一般性债务负债率在2015～2018年一直维持在较低的水平（见图4－2）。

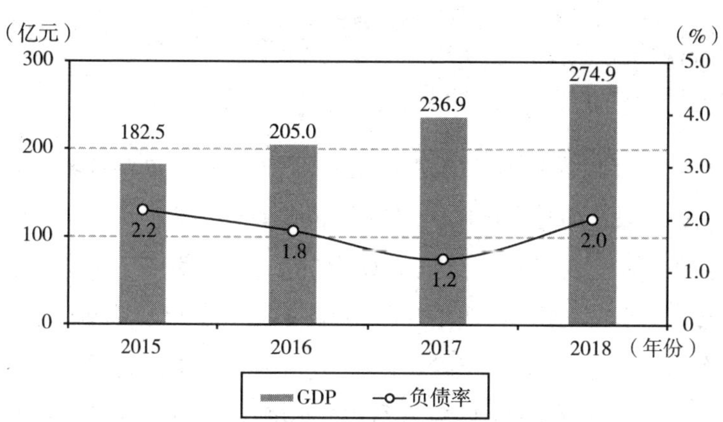

图4－2　2015～2018年固安县GDP规模与政府一般性债务负债率

资料来源：固安县人民政府历年工作报告。

2003～2018年，固安地区一般公共预算收入从7551.3万元增加到45.6亿元，2018年位居全市第二位，全省第三位。2015～2018年，随着

① 资料来源：财政部全国PPP综合信息平台项目管理库《河北省廊坊市固安县固安高新区综合开发PPP项目实施报告》。

一般公共预算的稳步增加，固安的财政自给率在经历了短暂的下降后，仍在持续提高（见图4－3）。社会资本的引入很好地解决了当时固安这一欠发达农业县财政投入不足、基础设施不完备、园区招商举步维艰的困境。

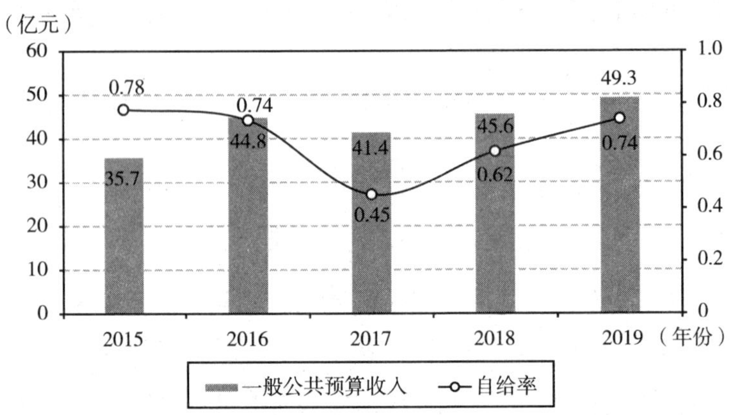

图4－3　2015～2019年固安县一般公共预算收入规模与财政自给率

注：2019年为预测数据。

资料来源：固安县人民政府历年工作报告。

（2）建立“以人为本”的发展机制。固安产业新城没有经历传统招商引资优先的阶段，而是在区域内部规划形成了产、学、研、投、消互动发展的内生性产业变革环境。截至2018年末，固安第一产业增加值为42.2亿元，增长2.6%；第二产业增加值为63.1亿元，增长7.9%；第三产业增加值为169.6亿元，增长5.2%，对GDP增长的贡献将近六成。城镇居民人均可支配收入从2003年的7071.24元增加到2018年的36847元，社会消费品零售总额58.6亿元，同比增长9.5%。这些数字都是产业不断壮大、居民收入结构和方式发生根本改变的体现，这种“人本导向”的发展机制，很好地抓住了产城融合的核心因素和主体。①

（3）强化自身造血功能。对于固安县而言，社会资本的引入改善了地方财力、平滑了政府财政支出、提升了产业规模，在“紧财政”的大环境下，走出了一条快速发展的道路。同时，将地方公共服务的供给模式由

① 资料来源：固安县人民政府《2019年固安县人民政府工作报告》。

“县政府财政补助为主”转变为了“县政府监管下的市场化机制决定”，很好地避免了公共财政模式“失衡”“失能”的现象，形成区域内的良性循环，也补齐了公共服务供给方面的制度短板。

三、治理效能

治理效能主要通过以下三方面的成效体现出来。

（1）厘清政府和市场之间的关系。“PPP + 产业新城”模式所强调的合作伙伴关系是对县级政府管理能力和转型的考验，即政府从“管理型政府”向“服务型政府”，甚至再到“商业合作伙伴型政府”的转变。固安政府与社会资本之间通过明确的职责分工、合理的风险分担、清晰的利益边界，使双方建立起了长期平等的合作关系。在过去的 16 年当中，虽然固安县多次更替相关领导，但并没有因此影响到产业新城的发展，这都是 PPP 合规性不断加强、法制环境不断完善的结果，也是 PPP 模式促进政府转型的一个典型案例。

（2）促进生态环境治理。固安产业新城并没有走先发展后治理的老路，极大地避免了对生态环境造成不可逆的破坏。一方面，固安产业新城为实现可持续发展，始终坚持绿色发展，将环保作为产业导入的关键条件之一；另一方面，2018 年底，固安产业新城绿化面积约 800 万平方米。而同期，整个固安县建成区绿地面积 1000 万平方米，人均公园绿地面积 14.4 平方米，绿地率达 34.2%，并获得了“全国绿化模范县”称号。①

（3）助力国家治理能力与治理体系现代化。“固安模式”是一种打破县域经济发展受要素“瓶颈”制约的模式创新，是“要素驱动”走向“创新驱动”的成功探索，有力地促进了县域经济的发展，也满足继续深化供给侧结构性改革的要求。在华夏幸福所参与的产业新城 PPP 项目中，有 5 个已经被纳入了财政部第三批和第四批示范项目中，这意味着脱胎于固安产业新城的新时代“PPP + 产业新城”模式，作为“发挥市场在资源配置中的决定作用”的优秀实践，成为县域经济体学习借鉴的经典案例。

---

① 资料来源：固安县人民政府《2019 年固安县人民政府工作报告》。

第五节 “PPP + 产业新城”模式效能分析体系的进一步探索

如前所述，PPP内在的机制设计使其在“产业新城”的开发中表现出显著的融资效能、改制效能与治理效能，三种效能的综合作用使得PPP模式在很大程度上优于传统新城开发的开展模式。那么，在具体的“产业新城”实践中，如何对这三种效能进行科学合理的度量，进而为PPP助推“产业新城”发展提供客观准备的评估，则是接下来需要认真思考和解决的问题。

建立“PPP + 产业新城”模式效能分析指标体系的价值和意义在于通过具体而可行的量化指标，评估PPP在“产业新城”建设中的实际功能与效益，一方面检验PPP模式较传统开发模式的优越性；另一方面也为PPP助力“产业新城”的建设提供明确的效能导则，提升PPP优势功能的发挥。我们在具体指标的选择上综合考虑不同地区、不同类型产业新城PPP项目的个体异质性及效能分析指标的价值意义。

一、现有PPP效能的评估方式

PPP模式的主要特征契合“产业新城”的发展所需，该模式的特征也将转化为各类效能影响“产业新城”的建设发展。对PPP效能进行评估，可以更加深刻地把握PPP在“产业新城”建设中的作用与功能，从而更好地理解PPP模式对“产业新城”，乃至县域经济发展的价值。

当前对PPP项目的效能评估主要基于“物有所值”、“合理回报”和“财务承受能力”三大类。其中，前两类是从PPP模式的正向效用角度进行的效能评价，后一类则是基于逆向视角，从限制因素和隐患的角度所进行的衡量。

1. 物有所值评估

物有所值评估法是对项目可否采取PPP模式的基本判断，分为成本收益分析和公共部门比较分析法两种，此法也是国际社会主要推行的评估方法。成本收益分析是在满足同样公共效用的前提下，按成本最小、获利最大的标准进行评估，其中成本现值、收益现值、净现值、收益成本比为常用的经济指标；公共部门比较分析法是计算在同等公共服务水平的条件下，传统供给模式与PPP供给模式的公共财务负担预估额差值，其中蕴含着成本节约和效率提高的双重逻辑，通常使用折现法计算全生命周期内的物有所值量。

当前，物有所值量仍是衡量PPP在“产业新城”建设中的主要效能指标。从财政部PPP项目管理库中可以看到，产业园区、康养小镇、生态城等一系列“产业新城”项目，均具有千万级甚至亿级的物有所值量。这一显著的经济效能也将随着各地PPP“产业新城”开发的实践被不断检验。

2. 合理回报测算

合理回报是PPP利益分享的具体表现。PPP的合理回报贯穿项目的全生命周期，因此，长期稳定的合理回报是对PPP效能发挥的最好体现。作为其量化指标，PPP项目的合理回报率需要控制在有效的运行期间，过高或过低均将导致PPP项目的失败。例如，对于“使用者付费”和“可行性缺口补贴”类型的PPP项目，由于社会资本承担风险较大，其合理回报率将高于市场长期贷款基准利率，可在8%~10%之间；而对于政府付费的PPP项目，合理回报率将高于金融市场的无风险利率，合理区间通常在6%~8%之间。在产业新城项目中，合理回报率基本反映了社会资本方的整体回报水平，可视为PPP模式对利益相关者投资效能的具体量化。

3. 财政承受力评价

财政承受能力评价是对PPP效能评估的一种逆向方式。从某种意义上讲，力所能及的财力评价是对PPP模式支付风险的防范，也是发挥其正向效能的基本保障条件。由于PPP项目的长期性，以政府付费和可行性缺口补贴为支付方式的PPP项目，需要政府保持长期稳定的支付能力。然而，一旦出现政府财力亏空的现象，将不仅导致社会资本和公共利益受损，还将极易诱发“变相举债”等PPP异化问题。当前，很多国家都将政府的财政承受能力评估作为判断PPP项目可行和长效性的重要指标。我国财政部文件规定，政府年度PPP项目的全部支出责任，不得超过当地一般公共预算支出的10%。

在“产业新城”的建设中，由于政府需要承担股权投资、运营补贴、配套投入、风险防范等一系列财政支出责任，因此，财政承受能力评价将有效地帮助政府规避中长期财政风险，控制债务规模；另外，基于“产业新城”建设的综合性需要，财政承受能力评价还有助于平衡不同行业和领域PPP项目的资源分配，避免资源在某一行业过于集中，出现“重产业、轻市政”的情况。

4. 现有PPP效能评估方式的局限性

第一，经济层面多，社会发展层面少。无论是物有所值量、合理回报率还是财政承受能力，现有的方式均是基于收益或效率层面的经济效能评估。但PPP模式的作用远非成本节约和效率提高，其中很多区域发展和价值赋能层面的效能需要予以考虑，如地区公共事务供给能力的建设、社会功能的完善等，这些在社会发展层面上的PPP效能尚未引起人们的足够重视。

第二，表象层面多，深入层面少。现有的效能评价方式多是从项目运维层面进行的分析评估，局限在PPP模式对项目本身的作用和影响，而PPP模式所带来的政府与市场关系的改变、“财事”关系的调整、新型社会治理模式和理念的推动等一系列深层次的问题涉及较少。

第三，内涵性规定多，外延性分析少。从具体的效能指标看，无论是基于成本现值、收益成本比对、财务负担额评估，还是合理回报率，对PPP效能的分析多局限在项目属性内部，鲜有涉及PPP模式外延性效能影响的分析。譬如，PPP模式对生态环境可持续的功效、对社会平等公平发展的促进、对创新驱动和开放共享的贡献等。

二、“PPP+产业新城”模式效能分析

1. 效率集约性原则

在现有的统计数据和评价指标中，一般可按指标属性分为总量型指标

和相对型指标。其中，总量型指标重点反映研究对象在数量规模上的特征，而相对型指标以比值变化率或相对差值为数据结构，反映了研究对象在效率与质量上的特点，是对集约型发展方式的一种度量。“产业新城”的建设在不同地区具有不同的发展规模，不同类型项目也各具行业异质性和投资属性。因此，若仅以数量规模为标准，则难以进行有效的横向比较，而以相对型指标构建PPP效能评价体系，即可以避免不同项目和地区在发展规模上的异质性，更容易体现PPP在发展质量维度上的效能，以此突出效率集约性。

2. 结果导向性原则

PPP助力“产业新城”的建设其本质是实现区域价值的提升，并为当地经济社会发展赋能。为了更加直接、客观地反映PPP对“产业新城”的作用效能，其评价指标体系的构建应该更加强调结果导向，即在指标设计中选择可以直接反映项目或区域发展的结果性指标，而非投资量等过程性指标。PPP自身所具有的激励相容机制，就是以PPP实际绩效的发挥为结果导向。因此，以结果导向性指标构建评价体系，一方面契合PPP模式的内在要求；另一方面也可充分体现“产业新城”建设的发展目标。

3. 效能专属性原则

PPP模式仅代表了“产业新城”建设的一种模式，而一个地区经济社会的发展受到方方面面因素的影响。以产业新城为例，目标产业在市场中的定位和需求变化，核心城市对生产要素的吸引和增长辐射，区域主体功能定位和地区政策因素等，都是影响产业新城发展的重要因素。因此，在PPP效能分析的指标建设中，要注意对PPP模式效能专属性的锁定，尽量排除其他扰动因素，以此突出PPP模式本身对地区发展的效能体现。

4. 区域整体性原则

如此前在论述PPP效能时的分析，PPP综合效能将具体体现在三个维度方面，即微观的项目层面、中观的改制层面以及宏观的治理层面。因此，对PPP助力“产业新城”的评价需要聚焦该区域的整体性开发，反映该模式对区域赋能的整体效能，而非碎片化的评价对象。因此，在进行"PPP+产业新城"模式的效能评估中，应强调指标的整体性指代，以新城整体的经济增长和社会发展为研究对象。

5. 发展侧重性原则

不同产出目标的产业新城PPP项目，其绩效考核的内容和侧重点完全不同：经济发达地区重在高端产业资源集聚和产业运营培育，打造可持续产业生态；转型升级地区则重在基建开发建设和产业企业导入，带动产业转型升级。因此，政策应在规则内为实践留有一定的灵活性。产业新城PPP项目行业指标应保持一定的动态调整性，以匹配不同时期政策和发展阶段的要求，传递宏观政策导向。考核指标充分与当地政策衔接，避免重复考核或考核标准不一致。

6. 定性与定量结合原则

产业新城PPP项目绩效指标的设计应该兼顾定性指标和定量指标。定量指标方面，可依据传统园区项目开发建设相关技术标准进行考核；对比附近地区同领域项目数据来考核解决就业人数、企业投资额度、税收额度等指标；还可以基于专业人才的流入量、流动性，以及与区域发展方向相匹配的企业的入驻量来评估项目设计的合理性。同时，定性指标方面可考核项目是否基于地方既有资源设计出与之匹配的产业模式；项目在运营过程中是否结合市场情况做及时、合理的调整，使项目可以更好地发展产业优势、吸引相关企业；引入全国专家用德尔斐法进行评价。

三、完善"PPP+产业新城"模式效能评估指标体系

目前，我国大部分"PPP+产业新城"模式仍处于建设阶段，且PPP项目绩效评价的政策要求也处于不断完善之中。对PPP产业新城效能的量化评估工作，应是一个循序渐进的过程。这一过程需按照基础理论提炼、案例基线调查、指标体系设计、数据库建设与采集、效能量化评估这套完整的流程进行。

因此，结合现有的研究条件和实践节点，本节将在前两节提出的 PPP 效能分析指标体系构建的重要性、指标体系构建原则的基础上，试图阐述融资效能、改制效能和治理效能的特定内涵（见图 4 – 4），以期对后续数据指标体系的建立提供理论指导。

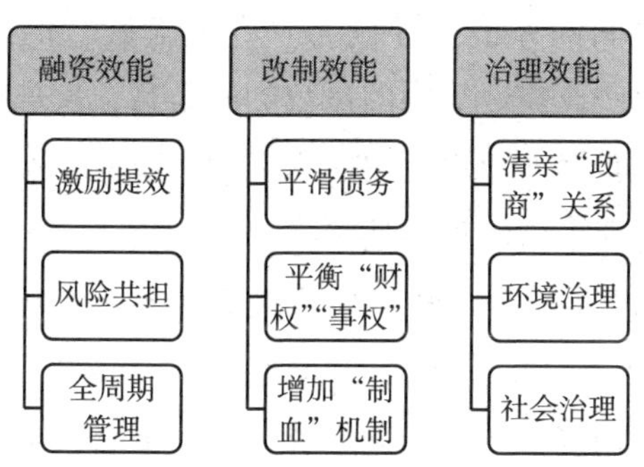

图 4 – 4　PPP 模式助推“产业新城”的效能分析框架

1. 融资效能评估指标的建议

在对“PPP + 产业新城”模式的融资效能进行评估时，可以考虑从两个层次进行指标选择。第一，仍是对 PPP 模式本身的效能进行评估，重点突出 PPP 模式较传统区域开发项目的优势所在。第二，“PPP + 产业新城”模式最大的特征是产业联动性和区域资本投资的带动效应，核心就要看该项目是否能够为地方带来产业集聚，使地方产业发挥协同作用，并产生“撬动效应”。因此，如何反映这种“区域资本撬动”程度，是评价其融资效能的重要方面。

在具体指标上，同样可以沿用 PPP 的“物所有值”概念进行 PPP 模式与传统开发模式的优势比较，即同类开发项目采用 PPP 模式和在同等条件下采用传统模式开发的经济性比较。例如，采用 VFM 指数衡量这一融资效能。需要强调的是，现有的 VFM 指数均是基于具体单体 PPP 项目的可行性测度，在此可以考虑通过“产业新城”区域内 PPP 项目合计的加性结构，计算“平均 VFM 指数”，以此突出区域整体性的融资效能。

另一反映 PPP 模式优越性的指标，可选用“PPP 项目平均过盈利润率”。PPP 模式在融资效能中的一个重要标准是衡量项目在长期发展中的稳定性和可持续性，而产业新城PPP项目中的平均盈利水平则是对项目稳定运行和运行效果的综合度量。根据当前计算PPP盈利水平的方法，全投资收益率作为全部投资现金流量测度的内部收益率，用以反映PPP项目的整体投资效益，其包含满足社会资本的合理回报率。全投资收益率与社会资本合理回报率之间的差值，可视为“产业新城”的过盈利润率，反映PPP整体项目在“产业新城”中的过盈利润余量，这部分过盈比例一方面体现PPP资本运行的盈余水平，另一方面也是进一步吸引社会资本，促进投资并维持项目长期平稳的重要基础。

而在反映“PPP+产业新城”模式融资效能的整体带动方面，可以选用“社会资本撬动比”这一指标。PPP在“产业新城”建设中的核心作用是通过其所搭建的制度框架，拓宽融资渠道，吸引社会资本进行“产业新城”开发融资，因此，PPP模式对“产业新城”的融资能力，是衡量其融资效能的重要方面。在具体的PPP模式中，政府和社会资本会共同出资进行“新城”开发，其中，政府将通过公共财政和各地所设立的地区PPP引导基金，对本地PPP项目进行支持，进而撬动社会资本。而在“新城”范围内，所有PPP项目的社会资本出资额则代表了社会资本方的融资能力。该指标衡量“新城”区域内PPP模式对社会资本的吸纳融资能力和融资渠道水平，该指标数值越大反映了当地PPP模式的融资能力越强。

此外，产业培植方面的绩效，如招商引资落地率、产业结构、创造产值和财政收入的能力等投入产出方面的指标，以及投入产出表资料计算产业影响力系数和产业感应度系数等反映产业关联度的指标，也可用于“产业新城”融资效能的分析。

2. 改制效能评估指标的建议

平滑政府财政支出、平衡“财权”与“事权”、增加财税自身“造血”功能是PPP模式在“产业新城”建设中发挥改制效能的重要机理。一方面，产业新城PPP项目和单体PPP项目的最大区别，在于不占用现有财承空间，反而给地方政府带来可观的财政收入。另一方面，产业新城PPP项目的成功，能够给地方带来综合性的经济和行政体制的改制效应，甚至政治效应，在指标体系建立时，需要充分考虑这一点。因此，在衡量

“PPP + 产业新城”模式改制效能时，需从地方财务可持续性以及政府政务效率改进的角度加以衡量。

在地方财务可持续性方面，地方政府负债率、地方政府财政自给率等指标均可选用。在PPP模式中，政府与社会资本以平等伙伴关系身份参与“产业新城”的开发，共同募资，共同获利也共同承担财务压力。一方面，政府在新城开发中将减少财务支出；另一方面，项目的长期性也将显著地平缓公共财政支出的现金流。因此，地方政府负债率的降低将是PPP改制效能的直接体现。地方政府的财政自给率指地方一般公共财政预算收入占一般公共预算支出的比例。公共财政预算收入的增长来源于“产业新城”对地区综合价值的提升，这也是PPP模式支撑新城完善自身造血机制的重要方面。产业新城PPP项目对区域内土地和产业进行合理开发，带来价值增值，增加区域现金流创造能力，增强区域自平衡能力，具有“自我造血”的机能。同时，产业新城PPP项目所有的支付资金来自合作区域内产生的新增财政收入，如无增量，则政府方不必支付，具有“增量取酬”的特点，这一新城开发所实现的经济“反哺”将显著地改善地方财政的自给能力。

从项目效率改善的角度看，传统“产业新城”的开发严格基于政府的科级行政体制，从规划到项目审批、建设开工等环节，需要经历较长时间的行政审批，由此增加了项目的交易成本，造成了低效率。而在PPP模式中，虽然政府也将参与项目的论证和审定，但其扁平化的监管模式将极大地减少项目审批时间。因此，在项目准备和审批时间上，PPP项目对时间的节约，可以较好地体现PPP模式对传统政府政务效率的改善，可考虑参用项目审批时间节约量衡量产业新城改制效能对效率的提高程度。

3. 治理效能评估指标的建议

产业新城PPP项目涉及土地整理、城市公共配套建设、资源和资产开发利用、城市管理运营、人口就业等方方面面，其综合性、系统性、复杂性程度远超其他单体PPP项目，而在效能评估上，除经济因素外，还具有社会、环境，甚至政治方面的治理效能。因此，产业新城的效能应该把其对当地治理能力、民生、就业、社会和生态等一系列的影响量化评估。其中，重点可从提高环境效益的生态环境治理，促进社会效益的全社会治理，以及促进多元主体参与的国家治理水平方面进行衡量。

污染物治理与绿色环保产业是“产业新城”实现城乡绿色可持续发展的重要体现。传统的新城开发或工业园区建设，由于过于追求产业所带来的经济效益，经常忽视生态环境的损益，特别是以重工业为主要产业类型的“产业新城”，对当地生态环境的保护往往成为“新城”开发的明显短板。而在PPP模式支持的“产业新城”开发中，城市公共设施建设、生态美化建设，甚至新能源、生态农业等绿色产业，都将成为PPP项目在新城中的开发重点，以此实现经济发展与环境保护兼顾的目标。产业新城PPP项目中绿色环保类项目占比大可以反映这一作用。在传统的产业新城开发模式中，除了容易忽视环境效益外，公共服务缺失和社会效益低下是传统开发模式的另一短板。而在PPP模式中，基础性公共服务的配套和项目开发，则成为“产业新城”开发项目关注的一个重要方面。以休闲、文体、医疗、养老、教育甚至旅游为代表的PPP项目，以增强城市配套服务为目标，使其真正实现以人为本的新城开发。社会服务类项目占当地产业新城项目的比重，可以反映PPP对当地发展社会效益的效能贡献。另外，开展公众满意度调查，也可直观反映公众对区域发展的满意程度。

在多元治理方面，PPP项目在设计开发过程中的公开透明度则代表着政府对社会的开放程度，体现出社会公众对新城开发具有知情权、PPP项目受到社会监督。一方面，公开透明化程度彰显出政府的治理理念和治理能力；另一方面，它也是促进PPP模式多元主体治理效能发挥的重要保障。因此，可用PPP项目的信息公开程度来衡量PPP模式的透明化程度，进而反映多元化治理的社会治理效能。

此外，知识溢出、技术溢出和经济溢出分别确定评价指标。例如，对于知识溢出效应的绩效评价，可以研究为实施产业新城PPP项目对于当地政府机构人员专业能力提升的影响，相应设计可操作的指标体系。

“PPP + 产业新城”模式健康发展的思考与建议

县域经济是中国经济发展的基石，产业新城作为县域经济中的“双创”载体和中国经济升级转型的引擎，围绕“产业升级”和“城市升级”，将是推动我国县域经济发展的重要增长极。当前，在我国产业转型升级、供给侧改革加速推进、县域经济快速发展的大背景下，产业新城得以快速发展，优秀的产业新城运营商不断脱颖而出。作为 PPP 引入国内之后和片区综合开发这一中国特色的本土实践相结合的产物，“PPP + 产业新城”模式在实际运行当中具有众多有别于传统单体 PPP 项目的地方，需要进行全新的探索和规范。

本着实事求是的态度，我们应当做好顶层设计，具体问题具体分析，针对实践当中出现的各种新情况，在遵循经典 PPP 基本原则的前提下，对运行模式、回报机制、考核以及激励机制设置等方面进行创新，以期推动“PPP + 产业新城”模式，顺应国家新型城镇化战略，推进县域经济发展和供给侧改革，保障经济结构健康高效，行稳致远。

以产业新城为代表的区域综合开发类 PPP 项目，是作为 PPP 模式引入国内之后与传统产业园区开发相结合的一个新兴产物。相较于单体 PPP 项目来说，这类 PPP 项目因投资量大、周期长、开发区域广、综合性强等特点，其涉及面更广，交易结构更加复杂。在具体实践中，也的确有越来越多的园区和政府开始尝试应用 PPP 模式。此类 PPP 项目的需求旺盛，数量在逐步增多；项目内容、合作期限、项目投资额、回报机制等 PPP 要素都呈现多元化趋势，体现了项目的多样性。因此，在遵循财政部制定的 PPP

基本范围划定的相关规定之外，突破现有的模式，重新定义其内涵就势在必行。

与经典模式下单个的PPP项目不同，区域综合开发类PPP项目在项目的合作范围、运作方式、后期运营和维护、政府的付费标准和资金来源以及绩效评价等方面都有其独特之处。正因为如此，我们应当在公平公正的前提下，着眼长远，有针对性地设计项目运作方式、交易结构和监管架构，科学合理地分配项目风险，不断完善产业新城PPP项目的实施方案，促进县域经济的良性循环发展。

本章首先总结“PPP＋产业新城”模式发展中亟待解决的问题，然后，围绕着模式定义、模式创新、回报机制设计、绩效考核体系的搭建以及政策和可融性扶持等议题，提出PPP在产业新城发展中的政策建议。

第一节 “PPP＋产业新城”模式在发展中所面临的问题

自2014年PPP模式全面推广以来，PPP在中国得到了快速发展。随着近两年由高速发展向高质量发展的转变，PPP模式的作用已不仅仅只是停留于项目层面，在提高公共服务质量和效率、供给侧改革、促进国家治理能力和治理体系现代化等国家战略中都起到了非常重要的作用。

相较于传统PPP模式下的单体项目，综合性较强的区域综合开发项目发展较为缓慢。从上海张江到河北固安，“PPP＋产业新城”模式在逐步找准其在县域经济发展中定位的同时，也暴露出了一系列问题。直面这些问题、理性思考这些问题的根源并设法解决或者消除，“PPP＋产业新城”模式才能发挥出更大的作用，同时也有利于推动PPP长期可持续的发展。

一、需要进一步明确“PPP＋产业新城”模式定义

我国的产业新城是在一定时期历史与经济共同作用下的产物，它伴随着我国县域经济发展与城镇化建设的进程，其形态和模式也在不断推陈出新。在新形势、新目标、新任务的背景下，县域经济的发展需要我们贯彻

新发展理念，探索县域经济发展新模式，走创新驱动、产融结合、城乡融合和生态经济发展之路。这就要求产业新城以产业集群为抓手，在承接中心城市产业转移、加快实现县域经济高质量发展、促进城乡区域协调发展等方面发挥更大的作用。

但从目前的实践来看，截至 2019 年 12 月 20 日，在管理库城镇综合开发类 603 个 PPP 项目中，仅识别出 59 个产业新城 PPP 项目。由此可以看出，大部分镇综合开发类 PPP 项目仅包含基础设施建设内容，即使是在 59 个产业新城 PPP 项目中，也有少数项目对于社会资本参与产业发展运营的约定较为模糊。这意味着，地方政府更多地还是将 PPP 模式作为一种融资工具使用，在区域开发模式和产业发展方式上还是更多地选择政府主导的传统模式。

政府主导的区域开发模式和产业发展方式是否合适，需要结合区域的软硬件条件来判断。如招商蛇口等拥有极其优越的区位优势、享受国家大量政策倾斜、政府治理能力强的工业区和国家级新区，在政府的主导下，为改革开放以来中国经济的发展起到了至关重要的作用。当然，这其中也有采用了 PPP 模式的张江技创区，但大多数案例都在给效仿者传递一个信息，即区域开发和产业发展应该是政府的分内之事。

进行新区开发时，一味追求对于 GDP 的拉动，过度依赖土地财政，忽略了公共服务、市政等配套设施与主导功能之间的结构平衡，也忽略了与政府管理水平的匹配，导致了很多“空城”“鬼城”的出现，形成巨大的资源浪费和负面效应。

“年轻”的城镇综合开发类 PPP 项目虽然尚无此类极端案例，但运营内容的缺乏，过分强调 PPP 模式的融资效能，忽视 PPP 模式的改制效能和治理效能，既不利于以产业新城为抓手的县域经济发展，也不符合 PPP 高质量发展的要求。在政府缺乏经验、能力和实力时，更应该转变传统思想，将以产业为抓手的区域综合开发内容，交给具有资金、经验等方面优势的社会资本，而不是固守政府主导这一种模式。

二、相关配套政策和制度亟待完善

经过 5 年多的改革，中国 PPP 的制度环境正日趋完善，但作为极具中国特色的产物，“产业新城 + PPP”模式无论是在定义上还是在配套制度上都处于探索阶段。

产业新城 PPP 项目的正外部性，决定了其价值在一定程度上需要结合区域发展进行综合判断。在进行物有所值评价时，如果固守传统的评价指标，有时是无法有效评估其价值的。

产业新城 PPP 项目存在投资周期长、投资规模大、项目内容复杂等特点，使其概念、特征、外延、边界约束的规定更为复杂，对回报和绩效考核机制提出了更高的要求。加之社会资本方出于优化资金使用效率的目的，往往逐步、分期推进项目，这在一定程度上更加增加了回报和绩效考核机制的复杂性。

产业新城 PPP 项目回报机制有别于传统项目。由于缺乏成熟的法律法规支持，约定合作区域内新增财政收入为政府付费的资金来源这一事项本身就一直存在争议。支持者出于区域发展的考虑，主张给予社会资本足够的激励，只有这样，才能充分调动社会资本的积极性，促进欠发达地区经济的快速增长；反对者则基于法律风险的考虑，认为受限于目前的政策环境，新增财政收入为政府付费的资金来源缺乏明确的法律依据。此外，由于分期建设时序的不确定，如建设、产业导入进度等无法有效把控，新增财政收入的不确定性也会增加，一旦低于测算，项目双方都将面临一定的债务风险。

在实践中，前期工作的质量与后期产业导入和区域开发效果息息相关，但由于上述这些问题的存在，在一定程度上导致了产业新城 PPP 项目前期工作的不充分，进而增加了项目实施过程中的不确定性。在长达 20 ~ 40 年的项目期间，区域规划缺失或规划滞后极易造成土地开发、产业引进等方面的工作推进困难，加之地方政府对规划的刚性约束认识不足，在项目实施过程中单方任意行使项目变更权，导致项目实际实施内容与前期论证通过的规划设计方案产生较大差异。①

① 周兰萍，宋茜．10 号文之后片区开发 PPP 项目的困境解析与对策建议［J］．中国建筑装饰装修，2019（9）：112 - 114．

三、财政承受能力论证机制亟待变革

产业新城 PPP 项目主要受《财政部关于印发〈政府和社会合作项目财政承受能力论证指引〉的通知》规定的一般公共预算 10% 的“红线”和《财政部关于推进政府和社会资本合作规范发展的实施意见》（以下简称《意见》）后政府性基金预算用于政府付费来源的适用性问题的限制。产业新城 PPP 项目投资规模巨大，如果全部采用本级政府一般公共预算，大多会接近或突破 10% 的“红线”，所以，政府付费的资金来源有一份是政府性基金预算，即源于区域土地出让金的转化。

受《关于联合公布第三批政府和社会资本合作示范项目、加快推动示范项目建设的通知》的“不得作为项目主体参与土地收储和前期开发等工作，PPP 项目的资金来源与未来收益及清偿责任，不得与土地出让收入挂钩”和《意见》的“新签约项目，不得从政府性基金预算、国有资本经营预算安排 PPP 项目运营补贴支出”这两项规定所限制，政府性基金预算作为政府付费的资金来源的相关政策正在逐步收紧。

《意见》之后，地方政府对政策或“产业新城 + PPP”模式理解得不透彻，“一刀切”地停止产业新城 PPP 项目的应用，显然不符合发展的趋势。但地方政府也存在缺少应对措施的困境，如从公共服务的视角来看，将符合条件的产业新城 PPP 项目形成的政府支出事项定性为“经常性支出”而非“资本性支出”虽然逻辑上可行，但还是缺乏成熟的法律法规作为支撑。

四、绩效考核体系亟待优化

产业新城 PPP 项目的周期长、项目建设时序复杂、项目内容繁多、涵盖范围广，这就对绩效考核体系的科学性和合理性提出了极高的要求。以往通过违约金机制、合同提前终止机制等实现绩效考核的传统思路需要做很大程度的创新，才能适应中国特色的“产业新城 + PPP 模式”。

PPP 绩效管理是财政支出绩效管理和传统政府投资项目评估管理工作

的延伸，随着《关于规范政府和社会资本合作（PPP）综合信息平台项目库管理的通知》《中共中央 国务院关于全面实施预算绩效管理的意见》《项目支出绩效评价管理办法》的出台，PPP 绩效管理的工作越来越受到重视，也有了顶层文件作为支撑。

“PPP + 产业新城”模式通过引入社会资本方，与政府方形成互补，提高了效率。也正是因为社会资本在产业服务上的高效，双方往往会约定一定比例，根据新增落地投资额计算产业发展服务费。一方面，远高于建设投入收益率的产业发展服务收益率，会直观上引起合理性的质疑；另一方面，如果制定的考核目标远超社会资本自身能力，与项目自身的要素条件不匹配，又会产生负面作用，降低效率，进而导致长时间内区域投资与新增收入的不匹配。

第二节 进一步完善“PPP + 产业新城”模式的政策建议

一、明确“PPP + 产业新城”模式的定义，鼓励有序规范开展

PPP 模式已被广泛且成功地应用于单个基础设施投资项目，并被视作政府公共服务供给侧改革的重要机制。因此，在合规、合理的前提下，能否借助 PPP 模式调动社会资本积极参与政府主导的功能综合、开发周期长、边界模糊的区域综合开发项目，成为各方关注的焦点。随着 PPP 模式的大力推广应用，区域综合开发类的项目越来越多地运用 PPP 模式，其中的“PPP + 产业新城”模式更是大规模区域综合开发的重要载体和路径选项。在新城开发过程中“人的现代化”如何与“产城融合”相衔接，产业新城中经济的梯度转移能否自然而然地发生等问题，无不在考验着决策者、经济规划部门和专业机构的智慧和能力。

从总体来看，区域综合开发类项目均具有以下三个共性：一是在政府的主导下；二是在一片土地上集中发展产业；三是致力于实现经济发展、居民就业和区域长期发展。除了前述由政府主管部门或成立国资公司直接

管理的园区外，随着市场化的发展，也产生了政府授权企业、与企业合作创立和培育的产业区域。依据这种整体开发思路，区域综合 PPP 模式在遵照和满足全生命周期管理要求的基础上，较好地避免前些年在部分地方出现的“空城”“睡城”现象。

实践表明，“PPP + 产业新城”模式除了具有经典 PPP 模式的一般共性之外，还应该在此基础上，运用“产城融合”的发展理念，通过政府和社会资本建立起的长期合作关系，社会资本方承担主要的管理责任，提供以产业发展为核心的基础设施、公共服务和城市运营维护等综合开发服务，促进开发区域内人员、产业和空间三者之间的协调，致力于全产业链的打造和区域整体价值的提升以及可持续发展。而在这一过程中，因为产业的发展、基础设置以及公共服务的配套，促进了地方经济发展，解决了地方就业，增加了地方财政收入，从而使得投资与回报之间形成了自我循环机制，打破了政府的刚性兑付，实现了财务自平衡，构建了一套内生的“自我造血”功能。

产业新城 PPP 项目特点鲜明，未来发展潜力巨大，对县域经济作用明显。但如本书在第 4 章的分析中所指出的那样，目前在实践中，人们对于这一 PPP 模式仍缺乏统一明确的定义，导致现有的 PPP 项目边界和管理框架与传统的 PPP 项目差别较大，加之人为干扰因素较大等原因，造成物有所值和财政承受能力评价常引起较多争议。

我们认为，作为一种较为特殊的 PPP 项目类型，应当有相应的政策文件对产业新城 PPP 项目的内涵、外延、特征等给出清晰和明确的定义和规定，以确保其持续、顺利发展。从政策制度上对其概念、范围作定义，这也是完善现有政策制度的一个重要方法。

具体而言，本章将从项目机制、动力机制、盈利模式、土地利用和风险分担五个方面对“PPP + 产业新城”模式进行解构，重新定义“PPP + 产业新城”模式，推动具有县域经济特色的“PPP + 产业新城”模式健康发展。

1. 项目机制

产业新城的 PPP 模式，其成功与否，能不能实现可持续发展，最终的落脚点还是“产业”二字，关键在于产业能否成功地导入。因此，在产业新城开发过程中，围绕着产业发展服务这个核心，从早期的规划设计阶段开始，涵盖基础设施建设、公共服务的提供乃至后期的整体运营维护都是围绕产业开发来展开的，都是为后期的产业导入服务的。由此可见，PPP模式的定义应当是围绕区域内的整体规划、产业开发、资源开发之间的整合及各要素的集成等关键要素来作出的。

在当前财政部的PPP行业分类中，城镇综合开发类PPP包括产业新城、特色小镇等类型。通过前述研究可以发现，产业新城在此类行业应用中不论是项目数量，还是投资金额都占绝大多数，因此，我们有必要进一步明确其内涵和外延。“PPP＋产业新城”模式本质上仍然是公共产品的供给模式，其最核心的要素是产业联动。

因此，我们要深刻认识到产业新城PPP项目对县域经济的重大意义，作为特殊的项目类型，有关主管部门要尽快对其概念、特征、外延、边界约束等作出明确的规定，以推动其健康良性发展。

2. 动力机制

传统的产业新城开发的实践表明：单纯由政府主导的方式会产生很多弊端，其中最重要的一点就是：不能利用市场化的运作方式实现多元化的市场主体进行实际管理和运作，遑论利用多种经济要素参与城镇化和产业服务，让多种资源配置方式协同发挥作用。

鉴于此，在将PPP模式引入新城开发建设之时，应明确政府和社会资本之间的边界，充分调动各自掌握的互补性资源，发挥各自专业领域内的优势。新城开发过程中的“多元共治”，这应当成为“PPP＋产业新城”模式最具清晰辨识度的动力机制。

通过引入社会资本较好地解决了以往政府在城镇化建设当中主要依赖于政府财政投入、银行借贷以及土地出让收入等传统方式。同时，通过高水平的城市运营商的参与和市场化的选择，整合专业资源，提升服务品质，也让政府从繁重的招商引资等经济活动中解脱出来，并可以将更多的精力投入民生发展等方面，实现政府从以往管理者和执行者向监管者和服务者的角色转换。由此可见，城市运营由政府主导向市场主导转变是发展模式的一次深层次改革，它有助于大幅减少政府对资源配置的直接干预，促进政府职能的转换，提质增效，因此，具有重要的推广价值。

"PPP + 产业新城"模式采用"政府主导，企业运作"的模式，一方面，可充分发挥政府这只"有形之手"的调控作用，在政策、规划的制定以及服务管理等方面对包括区位环境、公共基础设施等方面形成支撑；另一方面，可充分发挥以社会资本为代表的市场"无形之手"的调节作用，通过价格、供求和竞争这三方面的机制，促进生产要素跨区域、跨行业流动，进而促进产业集聚和区内各项配套功能的完善。通过整合政府和市场两方面形成的合力，促进城市空间的不断优化，以辐射力强化人口、产业的聚集效应，实现人口、产业、空间三者的协调发展。

3. 盈利模式

"PPP + 产业新城"模式从最初的规划设计开始，经由土地整理、城镇基础设施建设乃至后期的产业服务和城市运维，让开发过程完整地涵盖项目的全生命周期，是基于整个产业价值链条的整体开发。在这一过程中，无论是土地一级开发所带来的客观的土地出让金，还是产业投资带来的投资、税收和就业的增加，都是可以清晰地确认和计量的。

因此，在"PPP + 产业新城"模式的定义中，应明确其盈利模式。具体而言，盈利模式包括计算在合作区域范围内包括项目内使用者付费、土地出让金留成和产业投资带来的税收收入等产业链边界内的回报。虽然传统基础设施建设的回报主要是基于长期的社会经济发展，这方面的回报难以内部化到项目中，但是产业投资却具有较为明确的投资回报边界，可以建立财务投资可行性框架。从已落地的此类项目的统计分析来看，项目开发过程中产生的土地出让金留成和产业投资带来的税收收入属于预期内可计量收入，不会给地方未来财政收入带来不确定性。因此，"PPP + 产业新城"模式应在全生命周期内实现区域内财务自平衡，项目所有支付的资金来自区域内新增的财政收入，不会给地方带来财政风险。

4. 土地政策

土地作为城镇化的基本载体，是地方政府最重要的财政和金融资源。

土地资源的盘活和有效利用不仅是新型城镇化的重要内容，同时它也为城镇综合开发和产业发展服务打下了一个坚实的基础。土地作为地方政府的财政资源，在新城开发过程中应该在符合政府部门相关规定的基础上，统筹管理，有针对性地用于弥补基础设施和产业开发资金的不足。

土地政策是“PPP + 产业新城”模式的核心问题。限于当前土地管理制度的特殊性，我们认为，不宜将土地与 PPP 直接关联，而是应当坚持“收支两条线”的原则，按照现有的土地管理政策和财政收支规定执行。

与传统 PPP 模式下单体公共基础设施项目通常以划拨方式取得公共项目用地的方式不同，产业新城在开发过程中涉及大量的土地整理和出让，通常包括土地征收、拆迁安置及土地前期开发等一级开发，这些工作内容不仅关系到项目合作范围的确定，还会影响到项目交易架构的设计和回报机制的选择等。

因此，“PPP + 产业新城”模式可采取“一次性整体打包 + 分期综合开发”的模式，即将区域范围内土地一级开发、基础设施和公共服务建设运营作为整体进行打包委托，社会资本方通过采购程序一次性获得区域范围内土地一级开发和基础设施建设的特许经营权和项目主体资格；根据 PPP 协议，在具体实施过程中，根据既定的项目投资开发计划，逐步、分期、分批推进项目。这种模式需要由政府方及社会资本方根据开发需求和项目实际情况，对纳入合作范围的子项目进行合理组合，并在项目整体开发的 PPP 框架体系下，科学设计各个子项目的建设、经营、管理及政府付费或补贴机制，统筹安排项目投融资及回款计划。

5. 风险分担机制

有效的风险分配能够提高 PPP 项目的效率，获得更高的物有所值评价。“PPP + 产业新城”模式中风险分配和激励机制的设计是提升物有所值的关键。

在“PPP + 产业新城”模式当中，应明确政治、政策类风险应该主要由当地政府自担，因为这些风险往往跟政府有关，并且政府更有能力控制或承担这类风险。同时，政府通过功能分配，把设计、施工、运营和维护、融资等功能环节的责任和权利分配给社会资本，相应地，也把这些可控风险转移给了社会资本，社会资本则利用功能捆绑和风险管理技术，将这些可控风险内生化，并提高项目价值。

综合而言，我们认为，在面对土地政策、财政预算制度等硬约束的背景下，各方应根据区域发展的实际情况，立足县域经济发展的实际，因地制宜，有序规范发展。“PPP + 产业新城”模式具有其独特的应用场景，并不是所有的新城开发都适用该模式，同时，该模式也不可能解决所有产业新城开发中存在的问题，但它无疑是现有政策环境下可供选择的一种较为理想的政府和社会资本合作模式。

二、拓宽融资效能，建立合理的回报机制，实现共赢发展

为解决项目可融资性，保障项目落地后能够获得持续稳定的现金流，政府和社会资本在项目前期策划和论证阶段就必须重视对项目收支现金流的合理安排，重视对项目交易结构、回报机制的设计和统筹，同时做好所形成的项目固定资产的盘活计划即项目再融资方案，通过资产证券化等方式实现项目再融资。只有从商务和法律两方面确保项目后续融资和再融资方案的合理性和可执行性，才能推动产业新城 PPP 项目实现更好的良性运作。

1. 充分运用多种金融工具，合理拓展融资渠道

一是对于政策性银行参与产业新城 PPP 项目给予更强有力的政策支持。首先，在融资方式上，可通过设立产业新城 PPP 专项建设基金、加大政策性银行贷款等方式，增加政策性银行参与产业新城 PPP 项目股权和债券的融资；其次，在具体措施上，可以在制定和完善政策性金融法规，放宽政策性银行投资方式以及简化贷款流程上做出适当调整，以使得政策性银行业务的操作更适应 PPP 项目的发展，鼓励其进行真股权投资，提高贷款效率。

二是提高商业银行参与产业新城 PPP 项目的积极性。鉴于产业新城 PPP 模式下的项目建设期限较长、程序复杂、涉及相关利益方众多、收益率偏低等特点，且对 PPP 项目贷款缺乏政府隐性担保，导致目前国内商业

银行参与PPP项目融资的积极性不是很高，实际参与PPP项目融资授信的很少，这与商业银行作为我国主要的融资机构地位不相符。不过，随着产业新城PPP发展模式的日趋完善，PPP项目风险控制日益提高，商业银行可从以下三个方面发挥积极性。第一，从项目建设伊始就将商业银行纳入PPP模式，提升商业银行在产业新城PPP项目中的参与度，降低商业银行参与融资的风险，提高参与积极性。第二，加强商业银行与产业新城PPP项目的战略合作。产业新城PPP项目将加速社会资金、人才、技术的集聚，对商业银行而言意味着更多的项目投资机会，通过建立基于长期战略合作的合作关系，保证商业银行持续投入资金参与项目开发与建设。第三，借鉴国际银团贷款（syndicated bank loans）模式增强商业银行对PPP项目授信能力。鉴于PPP项目一般具有融资规模大、期限长的特点，可由主导银行作为牵头人成立PPP项目授信联合体，充分发挥多家商业银行的协作效应，为PPP项目搭建一体化融资平台，提供长期、大额融资贷款。

三是加大保险资金进入产业新城PPP项目的引导力度。如前所述，产业新城PPP项目具有融资资金巨大、合作期长、收益率偏低、整体风险水平低等特点，这与保险资金的投资风格有较好的契合度。建议放宽险资参与产业新城PPP项目在主体信用评级、签约主体等方面的要求，并探索保险资金作为PPP项目财务投资人的可能性，即允许项目公司设置保险资金在项目公司层面优先分配的条款，而把超额收益更多地向产业投资人或者建设运营方倾斜。我国应当按照统一的顶层设计，在坚持基本原则的基础上，根据各保险公司实际情况，合理制定具有可复制性的保险资金助力PPP的发展路径。

作为未来PPP领域资金的潜力股，应鼓励保险资金高效稳健参与PPP项目：尝试设立保险资金参与PPP项目投资试点，鼓励有能力的机构先行先试；适时出台保险资金参与PPP项目的指导性文件或操作指引，引导规范投资；建立适合PPP项目的保险增信机制，完善增信体系；加强外部沟通协调，为保险资金参与PPP项目创造良好的外部环境；引导行业加强资产负债管理，提升保险资金参与PPP项目的风险管控能力和综合竞争实力。

此外，在新形势下，探索“PPP+产业新城”模式与专项债结合的路径也是拓宽融资途径的一个选择。区域综合开发和土储专项债的基础都是土地，但是，两者并不必然是互斥的，而是可以互为补充的。在区域开发的政企合作机制上，可以对企业投资内容做出一种弹性的设计，使区域综合开发过程可以兼容专项债的发行、使用和偿还。相关研究认为，对于没有市场化现金流的完全政府付费的PPP项目，不符合专项债的“具有经营性收益”的发债精神，专项债不应支持。因此，专项债适用采用了使用者付费项目和可行性缺口补助机制的项目，而目前大多数产业新城PPP项目都采取了可行性缺口补助机制。此外，专项债应优先用于项目市场化融资最大额度以外的项目资本金。若项目资本金比例已不能再调整，则现有项目资本金与市场化融资最大限额之间的缺口，在合理规划还款计划得到市场化融资机构同意的情况下，可由专项债以债务性资金的形式补足。

2. 优化产业新城PPP项目财政承受能力论证方式

一般PPP项目的可行性评估通常从区域财政可持续的角度，以社会收益—成本分析法，去测算预期中该项目的内盈利和社会外部效应之和能否覆盖项目直接成本和社会外部成本之和。在产业新城建设过程中，虽然城镇化基础设施项目的社会外部收益难以得到精确的评价，但是作为以产业发展服务为核心力图实现产城融合的新城开发项目，其通过产业开发和发展所带来的税收收入却是可以直接计量的。进一步地，政府支付部分细分为“基本建设成本＋利润＋绩效考核挂钩的奖励金”。

目前，在许多产业新城开发的过程中，虽然形式上仍显示为政府付费，但为了防范财政风险，与产业发展相关的风险基本上是由社会资本承担的，如果区域内产业发展不达标导致产业税收留成不足，则政府不增加相应的财政支出责任。故而事实上产业新城PPP项目的回报机制更类似于通常意义上的使用者付费项目，不会给地方财政承受能力带来压力。进一步来看，在前几年的实践中此类项目已有不少落地实施，并取得了显著的成效，特别是在稳投资、稳增长中成效突出。因此，从这个角度看，基于鼓励和支持产业新城PPP项目规范实施这一前提，我们建议，财政部门在对产业新城PPP项目进行财政承受能力论证的时候，对于那些新增税收地方留存部分能够实现项目全生命周期收支平衡的项目，应当制定有针对性的财承核算办法。

具体地，首先，可以考虑用全口径财政预算来区分一般公共预算和政府性基金，将土地出让金定向支付部分从10%的红线统计口径中核减；其次，考虑产业新城PPP项目前期投入大、合作周期长、能产生的一般公共预算收入少的特点，探索跨年度的综合财政预算，以中长期财政支出责任评估替代年度预算评估；最后，探讨把项目合作区域内因为产业发展而带来的税收收入从项目财政支出责任中扣除的可能性，从而使得产业新城PPP项目的回报由政府支出责任以及项目区域内的政府性基金支出和产业税收留成三部分组成。

3. 鼓励设立区域专项资金封闭运作的管理机制

国家发展改革委印发的《2019年新型城镇化建设重点任务》中提出了“鼓励经营性与公益性项目综合立项，促进资金平衡、金融支持和市场化运作”的指导意见。在产业新城PPP项目前期策划时，建议增加对项目投入产出自平衡方案的论证和设计，从实现项目自平衡角度策划安排项目的结构化组合，充分挖掘项目自身的可经营性资源，优化项目回报机制安排。

未来项目可进一步从产城融合、区域发展可持续角度考虑公共服务项目与商业开发项目捆绑运作的方案。通过在项目立项、招投标、土地供应等环节合并招标、附条件捆绑招标等方式，将项目的社会资本方选择与商业开发的开发主体确定相结合，从而既保障PPP项目自身合作内容的合规性，又保障区域总体开发效果，使区域二级开发收益能形成对一级开发投入的有效反哺，满足投资人的综合收益目标，稳定市场预期。

在此基础上，按照财政资金的管理要求，探索通过确立区域专项资金封闭运作的管理机制，实现区域商业和产业开发收益对PPP项目中政府支出资金来源的反哺，通过“削高补低”“肥瘦搭配”等方式实现区域开发资金的统筹平衡。

4. 探索政府性基金预算作为产业新城PPP项目公共设施的补贴

对于新城开发过程中增值的土地收益以及新增的税收部分，按照“谁受益、谁付费”的原则，性质上等同于政府付费收入的来源。这样操作在某种程度上类似于污水处理项目中收支两条线的运作方式。

科学合理的回报机制是整个“PPP + 产业新城”模式的核心和难点。2020 年 1 月 1 日起施行的《优化营商环境条例》明确规定：“国家鼓励和支持各地区、各部门结合实际情况，在法治框架内积极探索原创性、差异化的优化营商环境具体措施；对探索中出现失误或者偏差，符合规定条件的，可以予以免责或者减轻责任。”本着积极响应国家号召、践行中央文件精神的原则，对于产业新城 PPP 这类创新性项目，我们应该在当前的法律环境之下进行积极探索，建议有关部门在多方论证的基础上，在满足 PPP 项目规范管理要求的同时，也兼顾地方政府财政管理的制度性约束，制定单独的、适合该模式的收入回报机制。

政府基金性预算来源于土地开发收入。本着取之于土地、用之于发展的原则，建议可在现有政策框架内，探索对产业新城 PPP 项目中的公共基础设施给予适当的建设期补贴，具体比例可在现有财政承受能力限制范围内做必要的安排。

三、探索构建有效的“PPP + 产业新城”模式绩效考核机制

作为县域经济的产业发展引擎，产业新城 PPP 项目的绩效指标设定核心应聚焦为该项目是否能够为区域内（县域）带来产业集聚，使地方产业发挥协同作用，并贯彻可持续发展理念，同时，项目的付费机制要与区域整体新增的经济产出建立关联，突出“自我造血”的功能。

由于产业新城 PPP 项目系统性和复杂性都高于其他类型的 PPP 项目，制定具体行业绩效考核指标难度较大，业内也有许多讨论。主要难点在于此类 PPP 项目往往包含数十个不同子项目，且公共服务产出不清晰；不同项目工作内容和交易结构差异较大；不同发展阶段的绩效考核重点各有侧重。

绩效考核不仅仅只是一种工具。它除了具有协助实现项目物有所值、指导同类项目实践优化的作用以外，还应当能激发社会资本的主观能动性，激励其自发做好统筹开发运营。

为了服务于县域经济发展，建议“PPP+产业新城”模式应遵循以下四个原则。

1. 产业导入及产业发展服务是绩效考核的核心

产业新城的成功与否，始终要围绕着“产业”二字，不能离开产业谈新城。因此，产业关联度、产业导入结构与规模、产业发展服务质量等核心指标，是产业新城PPP项目成败的关键。

根据产业经济学中关于产业关联度的相关理论，产业关联度是指产业与产业之间通过产品供需而形成的互相关联、互为存在前提条件的内在联系，可以利用产业影响力系数和产业感应度系数来衡量。具体而言，产业影响力系数反映产业的后向联系程度，是指某产业的生产发生变化时，使其他产业的生产发生相应变化的系数；产业感应度系数反映产业的前向联系程度，是指其他产业的生产发生变化使某产业的生产也发生相应变化的系数。

产业发展考核范围应主要为PPP合作协议约定的产业发展服务内容，具体包括区域的产业定位及发展规划研究、项目宣传推广、获取投资项目信息、产业导入企业开工建设及投产运营管理以及其他相关的设计、投资、建设、经营、管理及综合服务等工作。考核内容可包括五方面：一是入区企业数量；二是入区企业质量；三是产业集群打造情况；四是产业发展服务贡献；五是产业发展服务质量。绩效考核指标体系可依据国务院办公厅《关于完善国家级经济技术开发区考核制度促进创新驱动发展的指导意见》、《关于促进开发区改革和创新发展的若干意见》、商务部“国家级经济技术开发区综合发展水平考核评价指标体系”以及各地开发区相关政策要求等进行选择。具体考核指标，建议由主管部门参照标准格式合同范本，提出评价指标体系，供有关各方参考使用。

2. 县域经济发展及财政收入增量是绩效考核的主要目标

产业新城对县域外部环境所形成的影响力和集聚力，是提升县域经济专业化和社会分工水平的重要支点，为发展现代农业、加快传统产业转型升级提供了契机。“产城互动”也使现代产业发展与城市拓展的内在联系得以大大强化，形成了多方面的发展效应。

因此，在设置“PPP + 产业新城”模式绩效考核指标的主要目标时，应充分考虑产业新城对县域经济的带动作用，其中最主要的目标，就是区域财政收入的增量，所体现的是促进区域经济可持续性发展的能力。建议设定区域经济可持续性发展指标，包括区域财政、税收、就业与人口等方面的可持续性等。

首先，产业新城发展要紧紧把握县域经济的发展脉络，并将之考核目标与县域经济的绩效考核体系相结合，加强产业新城和县域经济发展的同源性；其次，衡量产业新城为县域经济发展带来的终极价值，即产业新城如何为县域经济补上发展的短板、为产业集群注入新动能、为县域经济的未来创新发展赋能、促进县域经济内生式增长，这些都是评价“PPP + 产业新城”模式的重要指标。

3. 区域生态及生活宜居水平是绩效考核的重要组成部分

产业新城 PPP 项目在推动产业导入的同时，也要注重区域生态及生活宜居水平的构建，始终围绕着“产业生态化”和“生态产业化”两者均衡发展的角度进行绩效评价和考核。

从区域可持续发展的角度来看，此类指标的设置应与产业导入、区域经济类指标并重，主要突出产业导入过程中对区域环境的保护和生态修复，突出“绿色 GDP”的含量。

比如，可以借鉴生态环境指数（ecological environment index）来衡量产业新城的生态指标，并比较开发前后的数据。生态环境指数是指反映被评价区域生态环境质量状况的一系列指数，如综合生物丰度指数、植被覆盖指数、水网密度指数、土地退化指数、污染负荷指数、环境限制指数等。

4. 贯穿全生命周期的分阶段考核是绩效考核的技术保障

产业新城 PPP 项目由于体量大、周期长，多采取“滚动开发”模式，投资机制与单体项目有本质区别。项目包含的子项目较多，受规划等因素影响，子项目实施范围存在不确定性，建设投资在合作期内较长时间内均有发生，项目基本采取分阶段建设、分阶段运营的方式进行。

同时，绩效考核在全生命周期过程中还必须遵循“因地制宜”“因时制宜”“动态调整”的原则，在不同地域、不同时期、不同政策环境下，适时调整有关考核指标体系，方可适应新形势的发展。

第六章 结语

近年来的PPP发展的实践表明，PPP对于政府治理的变革推动作用和管理水平的提高带动效果显而易见。产业新城的PPP模式因其长期性和复杂性的特点，对于强化地方政府的契约精神，提高政府与社会资本合作的深度，必将产生重大的影响。

第一节 以PPP模式为抓手，推动县域经济投资发展模式的改制与升级

随着新城开发的传统投资模式出现“瓶颈”，县域地方政府在经济发展的政策工具箱中的可选项并不很多。在这一背景下，如何突破县域财力限制，平滑政府财政支出，平衡“财事”关系，打破行政边界，强化自身造血机能，必将成为新时期中政府需要认真考虑的一个现实问题。

从发展的关系上看，县域经济的主城区与其产业新城之间应当是相辅相成的一种互补关系。借助PPP模式，依靠社会资本的总量与活跃度，填补公共财政的能力缺口，促进公共事业供给侧的结构改革，这不仅是“产业新城”建设与县域经济腾飞的必要制度支撑，更是未来我国在整个公共事业领域满足社会需要的有效措施。

第二节 以PPP模式为契机，加强县域经济治理结构的提升与改进

中国的县域经济结构具有显著的特征，其发展轨迹和趋势亦紧扣时代

脉搏。如何借助 PPP 模式的优势，改进县域经济的治理结构，是“PPP + 产业新城”模式应用的重要价值所在。

针对相对于县域经济结构失衡的痛点，“PPP + 产业新城”模式可以有针对性地调整结构框架，对标先进地区和优势产业，打造前瞻性的产业集群；针对禀赋约束的问题，“PPP + 产业新城”模式可以借助 PPP 模式的全生命周期特点，合理调整自然资源与产业资源的平衡点，布局经济结构跨越式调整；针对传统县域经济在产业导入的难点，“PPP + 产业新城”模式可以充分发挥社会资本方的外部资源和渠道能力，弥补短板，由此增强县域经济的竞争力。

以“PPP + 产业新城”模式为代表的城镇综合开发新业态来源于中国的城镇化实践，具有强烈的创新特点和鲜明的中国特色。在未来相当长的一段时间里，我们有理由相信，“PPP + 产业新城”模式不仅将在中国城镇化进程和县域经济的发展中发挥重要的作用，也会成为我们在“一带一路”建设寻求投资机会和输出中国经验的重要载体。在当前贯彻落实党中央关于供给侧改革的重要指导思想，大力推进新型城镇化的过程中，我们应该以更加开放的态度、更加系统化的思考和更加专业的统筹，来对其进行总结和提升，真正做到扬长避短、控制风险和创造价值。

参考文献

[1] 曹军. 壮大辽宁县域经济促进城乡统筹发展 [C]. 2005 年全国中青年农业经济学者年会，2005.

[2] 韩闯. 县域金融支持县域经济发展的实证研究与对策建议——以锦州市县域地区为例 [J]. 金融发展评论，2016 (7)：92 - 100.

[3] 金碚. 关于"高质量发展"的经济学研究 [J]. 中国工业经济，2018，361 (4)：12 - 25.

[4] 李泉. 中国县域经济发展 40 年：经验与启示 [J]. 石河子大学学报（哲学社会科学版），2019，33 (1)：80 - 90.

[5] 刘冲，刘晨冉，孙腾. 交通基础设施、金融约束与县域产业发展——基于"国道主干线系统"自然实验的证据 [J]. 管理世界，2019 (7)：78 - 88.

[6] 折晓叶. 县域政府治理模式的新变化 [J]. 中国社会科学，2014 (1)：121 - 139.

[7] 帅长斌. 产融结合推进铁投集团转型——浙江省铁路投资集团公司产融结合之实践 [J]. 浙江经济，2012 (7)：38 - 39.

[8] 孙祁祥，邓冰. PPP：从高速增长转向高质量发展 [N]. 中国财经报，2018 - 2 - 8.

[9] 习近平. 决胜全面建成小康社会，夺取新时代中国特色社会主义伟大胜利——在中国共产党第十九次全国代表大会上的报告（2017 年 10 月 18 日）[M]. 北京：人民出版社，2017.

[10] 朱江丽，李子联. 长三角城市群产业—人口—空间耦合协调发展研究 [J]. 中国人口·资源与环境，2015 (25)：75 - 82.

[11] 郁俊莉，姚清晨. 内容指向与结果导向：县域治理评估框架构建研究 [J/OL]. 北京工业大学学报（社会科学版），2019 - 12 - 25.

[12] 陈宁. 生态产业化助力绿色崛起 [N]. 九江日报, 2019-12-6.

[13] 张颖, 黄俊宇. 金融创新、新型城镇化与区域经济增长——基于空间杜宾模型的实证分析 [J]. 工业技术经济, 2019, 38 (12): 93-101.

[14] 白小明, 吴中兵. 产业新城 PPP 模式下政府——市场长效协作机制的实现路径 [J]. 中国经贸导刊 (中), 2019 (11): 6-8.

[15] 毛雁冰, 原云轲. 绿色新型城镇化对经济增长影响的实证研究 [J]. 上海大学学报 (社会科学版), 2019, 36 (6): 107-118.

[16] 刘朋虎, 陈华, 翁伯琦. 基于生命共同体建设的乡村生态经济发展对策研究 [J]. 宁夏党校学报, 2019, 21 (6): 70-79.

[17] 吴贵华, 张晓娟, 李勇泉. 国家级新区建设对产城融合的影响及作用机制——基于双重差分模型的检验 [J/OL]. 资源开发与市场, 2019-12-25.

[18] 许明强, 唐浩钧. 产城融合实现路径研究进展 [J]. 中外企业家, 2019 (32): 228-229.

[19] 朱金鹤, 张瑶. 中国新型城镇化质量与绿色经济效率协调发展分析 [J]. 江苏农业科学, 2019, 47 (20): 341-346.

[20] 周雪梅. PPP 模式在我国城镇化建设中的发展研究 [J]. 洛阳师范学院学报, 2019, 38 (10): 67-70.

[21] 于飞. 产融合作新金融助推实体经济优化升级研究——以上海市嘉定区为例 [J]. 北方经贸, 2019 (10): 99-101, 110.

[22] 倪冰莉. 乡村振兴进程中产业投资基金运行的经济效应及政策建议——以河南为案例分析 [J]. 河南社会科学, 2019, 27 (10): 57-63.

[23] 郑耀群. 人本视角下不同类型区域产城融合发展的路径研究 [J]. 西安电子科技大学学报 (社会科学版), 2019, 29 (3): 33-40.

[24] 林思纯. 乡村振兴战略背景下大岭村产业与生态融合发展对策研究 [J]. 古今农业, 2019 (3): 7-13.

[25] 谷进军. 县域经济发展与县域城镇化优化升级的对策 [J]. 河北企业, 2019 (9): 76-77.

[26] 陈长. 省域生态产业化与产业生态化协同发展理论、实证——以贵州为例 [J]. 贵州社会科学, 2019 (8): 122-130.

[27] 彭文梅."互联网+"背景下的县域经济发展方式探析 [J]. 山西农经, 2019 (12): 57, 59.

[28] 姜凌. 乡村振兴与新型城镇化协同发展路径——基于供给侧结构性改革视角 [J]. 安庆师范大学学报 (社会科学版), 2019, 38 (3): 74-78.

[29] 王春益. 坚持"两山"理念　推进产业生态化和生态产业化 [J]. 中国生态文明, 2019 (3): 76-77.

[30] 王秀明. 城市新区产城融合发展模式与实施路径研究 [J]. 建材与装饰, 2019 (16): 130-131.

[31] 敬艳丽. 中原经济区背景下的河南省产业生态化发展路径研究 [J]. 经济研究导刊, 2019 (16): 46-47.

[32] 侯雨欣. 供给侧结构性改革背景下的产业生态化研究 [J]. 科技经济市场, 2019 (3): 59-61.

[33] 易裕元. 关于产业扶贫与乡村振兴的研究——基于产业生态化与生态产业化理念 [J]. 粮食科技与经济, 2019, 44 (2): 160-162.

[34] 彭雷生. 产融结合下的融资模式创新探析 [J]. 产业创新研究, 2018 (12): 103-104.

[35] 焦永利, 于洋. 城市作为一类"特殊产品"的供给模型及其合约结构改进——产业新城开发模式研究 [J]. 城市发展研究, 2018, 25 (11): 110-117.

[36] 中国指数研究院. 产业新城未来发展新趋势 [J]. 中国房地产, 2018 (29): 45-47.

[37] 陈洪波."产业生态化和生态产业化"的逻辑内涵与实现途径 [J]. 生态经济, 2018, 34 (10): 209-213, 220.

[38] 王启友. 以PPP模式打造产业新城　推进成都产业生态圈建设 [J]. 现代商业, 2018 (26): 69-70.

[39] 李建英, 闫丽丽. 河北省推动全域旅游产融结合的可行性分析——基于利用PPP模式的视角 [J]. 河北金融, 2018 (8): 22-25, 40.

[40] 武勇杰. 新型城镇化背景下中小城市发展的关键问题研究 [D]. 北京交通大学, 2018.

[41] 马历，龙花楼，戈大专，张英男，屠爽爽．中国农区城乡协同发展与乡村振兴途径［J］．经济地理，2018，38（4）：37－44．

[42] 李高．生态产业化典型案例及其经验启示［J］．山西农经，2018（5）：64．

[43] 张铭言．基于科技产业新城“产城融合”过程中问题分析与对策［J］．现代国企研究，2018（2）：99－101．

[44] 李野．产业新城的关键成功因素研究［D］．天津：天津大学，2018．

[45] 梁于里．新型城镇化背景下的产业新城发展模式与路径分析［J］．经贸实践，2017（12）：63．

[46] 何军．产业新城PPP模式研究［D］．大连：东北财经大学，2016．

[47] 廖永伦．基于农村就地城镇化视角的小城镇发展研究［D］．北京：清华大学，2016．

[48] 史志杰．县域经济内生增长的科技动力研究［D］．淄博：山东理工大学，2015．

[49] 张莹．支持县域经济发展的金融政策研究［D］．成都：西南交通大学，2013．

[50] 张文龙．城市化与产业生态化耦合发展研究［D］．广州：暨南大学，2009．

[51] 刘冰，洪家宜．创新是“三北”工程建设的不竭动力——对“三北”工程实践生态产业化发展之路的思考［J］．林业经济，2002（10）：45－46．

[52] 吴鸣．论县域经济的比较优势［J］．湖南行政学院学报，2001（1）：4－8．

[53] 梁惠清．改革开放后我国县域经济发展的阶段性分析［J］．西南农业大学学报（社会科学版），2013，11（9）：13－18．

[54] 刘珂，乔钰容．产业新城对我国县域产业转型升级的影响机理与路径研究［J］．郑州轻工业学院学报（社会科学版），2019，20（5/6）：90－96．

［55］张云超．新型城镇化背景下产业新城促进我国城市科学发展优势与理论实践价值［J］．郑州轻工业学院学报（社会科学版），2019，20（5/6）：104－110.

［56］郭爱君，毛锦凰．新时代中国县域经济发展略论［J］．兰州大学学报（社会科学版），2018，46（4）：82－89.

［57］刘勇．产业新城：县域经济转型发展的新探索［J］．区域经济评论，2014（6）：118－123.

［58］刘白石．县域经济产业协同发展研究［D］．长沙：湖南农业大学，2010.

［59］辜胜阻，李华，易善策．推动县域经济发展的几点新思路［J］．经济纵横，2010（2）：34－38.

［60］吴晓灵．重构农村金融体系 支持县域经济发展［J］．中国金融，2003（10）：5－7.

［61］孙祁祥．“PPP”助力全面建成小康社会［J］．经济科学，2018（1）：10－14.

［62］孙祁祥．PPP：化解当前社会主要矛盾的重要机制［N］．中国财经报，2018－3－29.

［63］孙祁祥，岳鸿飞．“减税年”带来PPP发展新契机［J］．中国金融，2019（17）：65－67.

［64］刘尚希，赵福军等．政府和社会资本合作（PPP）知识读本［M］．北京：中国财政经济出版社，2017.

［65］王天义，刘世坚等．PPP从理论到实践［M］．北京：中信出版集团，2018.

［66］欧阳帆．政府与社会资本合作：PPP：理论、实务与展望［M］．北京：中国法制出版社，2018.

［67］华龙，闫晓茗．政府与社会资本合作机制研究：基于政府的视角［M］．北京：中国农业出版社，2017.

［68］杨滔．大规模城市更新中整体与局部的互动——伦敦道克兰区案例［J］．北京规划建设，2009（3）：109－112.

［69］王欣．伦敦道克兰城市更新实践［J］．城市问题，2004（5）：

72 - 75, 79.

[70] 许凯, KlausSemsroth. 城市规划在产业空间移位过程中的角色和作用——以伦敦、汉堡、鲁尔区和维也纳为例 [J]. 城市规划学刊, 2014 (1).

[71] 王宇彤, 张京祥, 陈浩. 从产业新城 PPP 透视城市治理结构的变迁——基于增长联盟的视角 [J]. 规划师, 2018, 34 (12): 128 - 133.

[72] 钟坚. 日本筑波科学城发展模式分析 [J]. 产经评论, 2001 (9): 31 - 34.

[73] 乌兰图雅. 日本筑波研究学园城市模式的构建及启示 [J]. 天津大学学报 (社会科学版), 2007, 9 (5): 439 - 442.

[74] 明树数据. 2019 年中国 PPP 市场年报 [R]. 北京, 2020.

[75] 周兰萍, 宋茜. 10 号文之后片区开发 PPP 项目的困境解析与对策建议 [J]. 中国建筑装饰装修, 2019 (9): 112 - 114.

图书在版编目（CIP）数据

PPP 模式在产业新城建设中的效能研究：基于县域经济高质量发展的视角／孙祁祥等著．—北京：经济科学出版社，2020.11

（北大 PPP 研究系列丛书）

ISBN 978－7－5218－2094－2

Ⅰ.①P…　Ⅱ.①孙…　Ⅲ.①政府投资－合作－社会资本－应用－县级经济－区域经济发展－研究－中国
Ⅳ.①F127

中国版本图书馆 CIP 数据核字（2020）第 226094 号

责任编辑：齐伟娜　赵　芳
责任校对：隗立娜
责任印制：李　鹏　范　艳

PPP 模式在产业新城建设中的效能研究
——基于县域经济高质量发展的视角
孙祁祥　等著
经济科学出版社出版、发行　新华书店经销
社址：北京市海淀区阜成路甲 28 号　邮编：100142
总编部电话：010－88191217　发行部电话：010－88191540
网址：www.esp.com.cn
电子邮箱：esp@esp.com.cn
天猫网店：经济科学出版社旗舰店
网址：http://jjkxcbs.tmall.com
北京季蜂印刷有限公司印装
710×1000　16 开　9.75 印张　160000 字
2021 年 1 月第 1 版　2021 年 1 月第 1 次印刷
ISBN 978－7－5218－2094－2　定价：48.00 元
（图书出现印装问题，本社负责调换。电话：010－88191510）